A TRANSMISSÃO DA EMPRESA À LUZ DA LEI DO TRABALHO MOÇAMBICANA

AUTOR
DUARTE DA CONCEIÇÃO CASIMIRO

EDITOR
EDIÇÕES ALMEDINA, SA
Rua da Estrela, n.º 6
3000-161 Coimbra
Tel.: 239 851 904
Fax: 239 851 901
www.almedina.net
editora@almedina.net

PRÉ-IMPRESSÃO • IMPRESSÃO • ACABAMENTO
G.C. – GRÁFICA DE COIMBRA, LDA.
Palheira – Assafarge
3001-453 Coimbra
producao@graficadecoimbra.pt

Dezembro, 2006

DEPÓSITO LEGAL
251713/06

Os dados e as opiniões inseridos na presente publicação
são da exclusiva responsabilidade do(s) seu(s) autor(es).

Toda a reprodução desta obra, por fotocópia ou outro qualquer processo,
sem prévia autorização escrita do Editor,
é ilícita e passível de procedimento judicial contra o infractor.

PREFÁCIO

O Mestre DUARTE DA CONCEIÇÃO CASIMIRO fez parte da geração de juristas moçambicanos que frequentaram o 1.° Curso de Mestrado em Direito da Faculdade de Direito da Universidade Eduardo Mondlane, organizado em colaboração com a Faculdade de Direito da Universidade de Lisboa. Publica-se agora a sua dissertação de mestrado, subordinada ao título «A Transmissão da Empresa ou do Estabelecimento à Luz do art. 28.° da Lei n.° 9/98, de 20 de Julho (Lei do Trabalho Moçambicana)».

Penhora-me o convite para prefaciar este livro, gentileza que só posso agradecer. Tendo conhecido o Mestre DUARTE DA CONCEIÇÃO CASIMIRO durante a parte lectiva do curso e tendo integrado, como arguente, o respectivo júri de mestrado, devo sublinhar o apuro jurídico, a inteligência e a amabilidade sempre colocadas no estudo e na investigação dos temas jurídicos.

Tema complexo e de fronteira entre o direito laboral e o direito comercial, a transmissão da empresa ou do estabelecimento tem uma importância evidente, tanto do ponto de vista teórico como prático. A centralidade que o conceito de empresa tem vindo a adquirir no moderno direito privado, económico e fiscal coloca problemas jurídicos delicados ao direito laboral, aqui apreciados de modo sucinto e conciso. Os problemas teóricos não podem ser dissociados da realidade empresarial moçambicana. E, efectivamente, é a ponderação da legislação moçambicana, à luz da sua prática jurisprudencial, que serve de guia na apreciação do regime jurídico da transmissão da empresa ou do estabelecimento, especialmente os seus efeitos nas relações individuais e colectivas de trabalho.

A ciência jurídica é cada vez mais universal. O especial peso que tem a doutrina portuguesa do direito comercial e laboral deve ser sublinhado, numa obra que se afigura peça fundamental para a futura ciência jurídica privatista moçambicana.

A importância desta obra não precisa de justificação. Pelo tema, pela actualidade e pelo tratamento dos elementos jurídicos ficará como um livro de referência e, porque está em revisão a legislação que é objecto do estudo, nele vai encontrar o legislador moçambicano os elementos fundamentais para uma compreensão sistemática do tema da transmissão da empresa ou do estabelecimento à luz da Lei do Trabalho Moçambicana.

Com esta publicação estão de parabéns o Autor e a ciência jurídica moçambicana.

Lisboa, 12 de Outubro de 2006

PEDRO BARBAS HOMEM
Professor da Faculdade de Direito
da Universidade de Lisboa

NOTA PRÉVIA

Escolhemos, para o trabalho de dissertação de mestrado, a temática da transmissão da empresa ou do estabelecimento, prevista no art. 26 da Lei n.º 8/98, de 20 de Julho, Lei do Trabalho moçambicana, pela peculiaridade do regime da cessão da posição contratual nas relações laborais e pelo interesse prático de que, em nosso entender, esta matéria se reveste na actualidade.

A relevância jurídica deste tema ultrapassa os limites da nossa ordem jurídica. Por isso, o estudo que nos propomos realizar não se restringirá apenas à realidade jurídica moçambicana. Falaremos da transmissão da empresa ou estabelecimento tendo em conta o seu regime jurídico noutros ordenamentos, nomeadamente nos de alguns países da União Europeia (Portugal e Espanha) e do Brasil, na medida do possível, dada a exiguidade, entre nós, de outras fontes jurídico-positivas, jurisprudenciais e doutrinárias.

Até que ponto a transmissão da empresa ou estabelecimento não põe em causa a liberdade contratual dos contraentes? Em que medida a mudança da titularidade de uma empresa pode afectar os direitos dos trabalhadores cedidos? Pode o trabalhador, em caso de cessão da exploração do estabelecimento onde presta serviço, opor-se à transmissão do seu contrato de trabalho alegando, por exemplo, o prejuízo sério ou a alteração substancial das condições de trabalho? Estas e outras inquietações suscitaram o interesse na análise do regime jurídico da transmissão de empresas ou estabelecimentos, o tema que aqui nos traz.

Procuraremos, ao longo do nosso estudo, problematizar, reflectir e criticar, sem, todavia, tirar conclusões definitivas. Daí que nenhuma das ideias a que chegarmos se deva considerar acabada. Com efeito, a presente pesquisa pretende ser, antes de mais, um singelo contributo para o retomar de uma temática que, inevitavelmente, se reformula, actualiza e jamais se esgota – a da transmissão de empresas.

AGRADECIMENTOS

À saudosa memória da minha mãe. Ao meu pai e aos meus irmãos pelo ilimitado e incansável apoio moral e material para a concretização de mais um sonho.

À minha mulher, Illya Casimiro, aos meus filhos Anílsio, Dércio e Michel, e enteados Yudir e Shamil, por todo o apoio moral, paciência e compreensão, sobretudo nos momentos mais críticos, em que a ocupação de espaços e o silêncio, por vezes, dividiam opiniões.

À Faculdade de Direito da Universidade Eduardo Mondlane, o meu reconhecimento pelas condições de trabalho e de investigação proporcionadas, fundamentais na elaboração do presente estudo.

Uma palavra de profundo apreço e agradecimento é devida ao Senhor Prof. Doutor Pedro Romano Martinez, orientador desta dissertação, pelo estímulo, disponibilidade, conselhos, incentivos e apoio que me dispensou ao longo da elaboração do trabalho.

Não poderia, de forma alguma, deixar de endereçar uma palavra de reconhecimento a todos os meus colegas do curso de mestrado – 2003/2005 – pelo companheirismo e, em especial, aos que, de uma maneira ou de outra, contribuíram para a realização do presente trabalho – o meu sincero "Khanimambo!".

PLANO DO TRABALHO

INTRODUÇÃO
1. Enquadramento do tema
2. Delimitação do objecto
3. Sequência e razão de ordem

CAPÍTULO I
4. Conceito de empresa, estabelecimento e parte do estabelecimento
    4.1. Considerações preliminares
    4.2. Do ponto de vista do direito comparado
    4.3. Do ponto de vista do direito interno
    4.4. Posição adoptada
5. Noção de transmissão da empresa, estabelecimento ou parte do estabelecimento
    5.1. Generalidades
    5.2. Na perspectiva do direito comparado
    5.3. Na perspectiva do direito interno
    5.4. Posição adoptada
6. Distinção de figuras afins

CAPÍTULO II
7. Breve análise do regime jurídico da transmissão da empresa ou do estabelecimento
    7.1. A forma da transmissão
    7.2. O direito de oposição
    7.3. O conteúdo das relações individuais e colectivas de trabalho
    7.4. Responsabilidade por dívidas
8. Natureza jurídica

CONCLUSÕES

MODO DE CITAR

As referências bibliográficas são citadas pelo autor, título, editora, local de publicação, ano e página. A primeira citação das obras e artigos faz-se pela referência bibliográfica completa e nas subsequentes, o título é abreviado ou substituído pelas siglas *ob. cit.* ou *op. cit.,* quando na dissertação não se mencionam outras obras do mesmo autor ou autores. Todos os restantes elementos adicionais, com excepção da página, serão omitidos.

A bibliografia final apresenta todas as obras ou textos consultados ao longo do presente estudo, com a referência completa dos elementos referidos no número anterior.

As expressões em latim são citadas no original, em itálico.

No caso de um autor ter mais do que uma obra do mesmo ano, esta será acompanhada da primeira letra do abecedário, surgindo em primeiro lugar a obra mais antiga, sempre por ordem alfabética.

A investigação jurisprudencial reporta-se, essencialmente, ao direito comparado, por ser ainda muito incipiente a do nosso ordenamento jurídico. Cumpre ainda assinalar que algumas das decisões jurisprudenciais citadas foram consultadas informaticamente (via internet), nas respectivas bases de dados.

As decisões judiciais citam-se pelo tribunal, data, local de publicação e páginas.

ABREVIATURAS

AAFDL	–	Associação Académica da Faculdade de Direito de Lisboa
Ac.	–	Acórdão
ACT	–	Acordo colectivo de trabalho
AE	–	Acordo de Empresa
al.(s)	–	Alínea(s)
art.(s)	–	Artigo(s)
BFD	–	Boletim da Faculdade de Direito (Coimbra)
BMJ	–	Boletim do Ministério da Justiça (Portugal)
BR	–	Boletim da República
CC	–	Código Civil de 1966, em vigor em Moçambique
CCom.	–	Código Comercial de 1888, em vigor em Moçambique
CCT	–	Convenção colectiva de trabalho
CE	–	Comunidade Europeia
Cfr.	–	Confrontar; confirmar
cit.	–	Citada
CJ	–	Colectânea de Jurisprudência (Portugal)
CLT	–	Consolidação das Leis do Trabalho (Brasil)
CPC	–	Código de Processo Civil
CPT	–	Código de Processo do Trabalho
CRM	–	Constituição da República de Moçambique
CRP	–	Constituição da República Portuguesa
CRPM	–	Constituição da República Popular de Moçambique (1975)
CSC	–	Código das Sociedades Comerciais (Portugal)
CT	–	Código do Trabalho (Portugal)
DL	–	Decreto-Lei
ed.	–	Edição
ET	–	Estatuto de los Trabajadores (Espanha)
IRCT	–	Instrumento de regulamentação colectiva de trabalho
JOCE	–	Jornal Oficial das Comunidades Europeias

LCT	– Regime Jurídico do Contrato Individual de Trabalho, aprovado pelo Decreto-Lei n.° 49408, de 24 de Novembro de 1969 (Portugal)
LECT	– Legislação Especial que regulamenta o Código do Trabalho, Lei n.° 35/2004, de 29 de Julho (Portugal)
LT	– Lei do Trabalho (Lei n.° 8/98, de 20 de Julho)
n.	– Nota
n.°	– Número
NR	– Norma Regulamentar (Brasil)
OIT	– Organização Internacional do Trabalho
ob.	– Obra
op.	– *Opus* (obra)
p. (pp.)	– Página (s)
por ex.	– Por exemplo
QL	– Questões Laborais
RC	– Tribunal da Relação de Coimbra
RDES	– Revista de Direito e de Estudos Sociais (Portugal)
RESC	– Revista de Estudos Sociais e Corporativos (Portugal)
RLJ	– Revista de Legislação e Jurisprudência (Portugal)
RL	– Tribunal da Relação de Lisboa
ROA	– Revista da Ordem dos Advogados (Portugal)
RP	– Tribunal da Relação do Porto
s. (ss.)	– Seguinte (s)
STJ	– Supremo Tribunal de Justiça (Portugal)
Trib.	– Tribunal
TJCE	– Tribunal de Justiça das Comunidades Europeias
trad.	– Tradução
TS	– Tribunal Supremo
vd.	– *Vide* (*ver*)
v.g.	– V*erbi gratia* (por exemplo)

INTRODUÇÃO

1. Enquadramento do tema

A problemática da transmissão da empresa ou do estabelecimento que é suscitada, na ordem jurídica moçambicana, pelo art. 26 LT[1], pode circunscrever-se a esta questão de fundo: qual o sentido e o alcance da regra consagrada nesta norma? Ou, mais precisamente: que regime jurídico consagra? Para solucionar essa questão de fundo, impõe-se dilucidar algumas inquietações de fundo suscitadas por aquele preceito. Será que a *"mudança de titularidade de uma empresa ou estabelecimento"* (n.º 1) equivale à transmissão do estabelecimento *"por qualquer título"*, prevista em normas similares de direito comparado? O facto de a mudança de titularidade da empresa, em caso de transmissão desta, *"não implicar necessariamente a rescisão ou denúncia dos contratos de trabalho"* (n.º 1), corresponderá a um reconhecimento do direito de oposição à transmissão por parte do trabalhador? Se sim, em que circunstâncias pode ser exercido esse direito e quais os efeitos legais daí decorrentes? Estes, entre outros, são os problemas que nos propomos investigar ao longo da presente dissertação.

Pretendemos analisar as questões que a transmissão da empresa ou do estabelecimento[2] e os seus efeitos criam no domínio das relações laborais, pelo interesse de que, em nosso entender, a matéria se reveste e pelos inúmeros casos, juridicamente relevantes, que o seu regime legal levanta.

---

[1] Todas as referências legais que se fizerem sem indicação do respectivo diploma, devem considerar-se relativas à Lei n.º 8/98, de 20 de Julho, Lei do Trabalho moçambicana.

[2] Doravante, por mera questão de facilidade de exposição, utilizaremos indiferentemente as expressões transmissão da empresa, transmissão do estabelecimento, transmissão da empresa ou estabelecimento e transmissão da empresa, estabelecimento ou parte do estabelecimento, assumindo-as como sinónimas.

18   *A Transmissão da Empresa à Luz da Lei do Trabalho Moçambicana*

A transmissão da empresa ou estabelecimento consubstancia uma das vicissitudes que podem ocorrer na titularidade de uma unidade produtiva. Na verdade, a empresa sujeita-se a "modificações subjectivas (ao nível do empresário) [ou] a alterações objectivas (ao nível da própria empresa) que implicam, umas e outras, mudança do empregador"[3]. Não obstante essas alterações, o contrato ou a relação de trabalho, em princípio, subsiste e transmite-se, *ipso jure,* para o adquirente da empresa. Este fica sub- -rogado, por força da lei, na posição contratual antes ocupada pelo transmitente, independentemente da vontade das partes. Basta, portanto, que a transferência se tenha efectuado nos termos da lei, para o adquirente subingressar automaticamente, *ex lege,* na situação jurídica do anterior empregador. As partes não podem sequer derrogar esse efeito, principalmente, em desfavor do trabalhador, no negócio subjacente à transmissão do estabelecimento.

Nesse sentido, o regime do art. 26 constitui também uma vicissitude da situação jurídica de trabalho. Efectivamente, a transmissão da empresa, até certo ponto, põe em causa a garantia da inamovibilidade do trabalhador, prevista no art. 25, bem como o princípio civilista *pacta sunt servanda,* consagrado no art. 406.° CC. Nos termos do art. art. 25, n.° 2[4], o empregador pode, livremente, transferir o trabalhador, a título definitivo, para outro local de trabalho, mesmo sem o seu consentimento, *"se a alteração resultar da mudança, total ou parcial, do estabelecimento onde aquele presta serviço".* Exceptuam-se, em todo o caso, nos termos deste mesmo artigo, os casos em que exista estipulação contratual em contrário.

O lugar da prestação de trabalho constitui, assim, um dos elementos de concretização da situação jurídica de trabalho. Um factor relevante para a situação social e profissional do trabalhador. Uma vez fixado, expressa ou tacitamente, na relação de trabalho, passa a ser em função do mesmo que o trabalhador organiza o seu plano de vida quanto à residência, educação dos filhos, prática de actividades desportivas, de lazer, etc.[5].

---

[3] JORGE MANUEL COUTINHO DE ABREU, *"A empresa e o empregador em direito do trabalho",* Coimbra, 1982, p. 43.

[4] *"A transferência do trabalhador a título definitivo só é admitida, salvo estipulação em contrário, nos casos de mudança total ou parcial do estabelecimento onde o trabalhador a transferir presta serviços".* Com redacção similar o art. 315.°, n.° 2 CT.

[5] Cfr., entre outros, ANTÓNIO MENEZES CORDEIRO, *Manual de Direito do Trabalho,* Reimpressão, Almedina, Coimbra, 1994, pp. 683 ss.; BERNARDO DA GAMA LOBO XAVIER, *Curso de Direito do Trabalho,* 2.ª ed. com aditamento de actualização, Verbo, 1999,

Introdução   19

A determinação do local da prestação corresponde, portanto, a um interesse fundamental do trabalhador, sendo por essa razão que o art. 25 estabelece, como princípio, a sua inamovibilidade. Todavia, tal princípio não consagra um direito absoluto, pois a lei confere ao empregador o poder de, em determinadas circunstâncias, alterar unilateral e definitivamente o local de trabalho, como sucede na previsão do art. 25, n.° 2. Ou seja, em caso de transmissão total ou parcial da empresa, tendo em conta os diversos interesses divergentes em jogo, o legislador fixou os termos em que a garantia da inamovibilidade pode soçobrar. BERNARDO LOBO XAVIER[6] diz, neste caso, que "a lei procura [é] um justo equilíbrio de interesses: os da entidade patronal, na transferência do seu estabelecimento para o local mais indicado, e os do trabalhador, que não deve suportar os encargos da mudança do lugar de trabalho, não prevista no contrato".

O art. 25 refere-se a duas situações em que o empregador pode, unilateralmente, alterar o local de trabalho. A primeira traduz-se na denominada transferência individual (n.° 1), em virtude da qual o empregador, dentro dos limites legais, pode transferir o trabalhador, temporariamente, para qualquer outro local de trabalho. A segunda, relativa à transferência definitiva, só é admitida, salvo estipulação contratual em contrário, em caso de mudança total ou parcial do estabelecimento onde o trabalhador presta a sua actividade (n.° 2). Nesta segunda hipótese, a transferência do trabalhador é uma consequência da transmissão, total ou parcial, da empresa ou estabelecimento. Apesar disso, e tendo em vista a salvaguarda da posição do trabalhador afectado pela transferência, a lei parece reconhecer-lhe, implicitamente[7], a faculdade de rescindir o contrato de trabalho (art. 26, n.° 1). Mas a lei também não explicita se, a ocorrer a rescisão, terá de ser com ou sem justa causa, com ou sem direito a indemnização, no caso, por exemplo, de da transferência resultar um prejuízo sério[8]. A res-

---

pp. 346 ss., ANTÓNIO MONTEIRO FERNANDES, *Direito do Trabalho*, 11.ª ed., Almedina, Reimpressão da Décima Primeira Edição de 1999, 2002, pp. 403 ss. e PEDRO ROMANO MARTINEZ, *Direito do Trabalho*, Almedina, Coimbra, 2002, pp. 475 ss. E na jurisprudência, *vide* o Ac. do STJ, de 24.03.99, BMJ, 485, p. 243.

[6] BERNARDO LOBO XAVIER, *"O lugar da prestação de trabalho"*, ESC, Ano IX, n.° 33, 1970, p. 43.

[7] *"A mudança de titularidade de uma empresa (...) não implica necessariamente a rescisão ou denúncia dos contratos de trabalho"*. Significa que, em certos casos, pode implicar? Parece que sim. O sublinhado é nosso.

[8] Com referência expressa ao *prejuízo sério*, o art. 315.°, n.° 1 do CT: *"O emprega-*

posta, em nosso entender, não pode deixar de ser afirmativa. Com efeito, se a rescisão for com justa causa fundada, por exemplo, em prejuízo sério para o trabalhador, tem de conferir-lhe direito à indemnização. Esta solução – que resulta, em parte, de presunção nossa[9] – visa alcançar o sobredito "justo equilíbrio de interesses", a que alude Bernardo Lobo Xavier.

É precisamente em torno desta solução de equilíbrio de interesses que se tem levantado a questão de saber que interpretação fazer do art. 26, a partir, sobretudo, da sua letra.

Para melhor compreensão da análise que estamos a realizar, cumpre reproduzir o texto integral do sobredito dispositivo legal:

> *"1. A mudança de titularidade de uma empresa ou estabelecimento não implica necessariamente a rescisão ou denúncia dos contratos de trabalho.*
>
> *2. Havendo transmissão de um estabelecimento de uma entidade empregadora para a outra, os direitos e obrigações emergentes dos contratos de trabalho e dos instrumentos de regulamentação colectiva existentes passam para a nova entidade empregadora.*
>
> *3. O novo titular do estabelecimento é solidariamente responsável pelas obrigações do transmitente vencidas nos dois meses anteriores à transmissão, ainda que respeitem a trabalhadores cujos contratos tenham já cessado, à data da transmissão".*

O regime jurídico deste preceito parece-nos extremamente lacónico e lacunar. Julgamos que assim não deveria suceder, desde logo, porque o instituto da transmissão de empresas ou estabelecimentos suscita, nas mais das vezes, múltiplos problemas, sobretudo, para os trabalhadores.

É, igualmente, convicção nossa que se trata de uma norma manifestamente deficiente. Porque, em primeiro lugar, possui, quanto a nós, uma redacção imprecisa. Veja-se, por exemplo, o seu n.º 1 cuja formulação parece admitir, *a contrario*, que o trabalhador pode resolver o contrato de trabalho, alegando tão-somente a ocorrência da *"mudança de titularidade [da] empresa ou estabelecimento"* onde ele presta actividade. Por outras

---

dor pode, quando o interesse da empresa o exija, transferir o trabalhador para outro local de trabalho se essa transferência não implicar prejuízo sério para o trabalhador". O sublinhado é nosso.

[9] A lei não se refere expressamente à justa causa, ao direito a indemnização, nem ao prejuízo sério.

Introdução 21

palavras, e salvo melhor opinião, parece que o trabalhador, nos termos deste comando normativo, pode resolver o contrato de trabalho, com ou sem justa causa, fundamentando a sua decisão no facto de ter ocorrido, na empresa, a mudança da entidade empregadora.

Em segundo lugar, no mesmo artigo e número, utiliza-se terminologia jurídica, aparentemente, sem o devido rigor técnico. De facto, ao prever-se que o trabalhador possa resolver o contrato de trabalho, através da respectiva *rescisão* ou *denúncia*, faz pressupor que a aplicação destas duas formas de cessação do contrato de trabalho seja indistinta. O que suscita a pergunta seguinte: será lícito, em caso de transmissão da empresa, o trabalhador resolver o contrato de trabalho *denunciando-o,* fora do período probatório? "A denúncia implica a cessação de um vínculo mediante uma decisão *ad libitum*"[10]. A resposta parece inegável: não pode. De facto, o trabalhador, nesta circunstância, só pode rescindir (e não *denunciar*) o contrato de trabalho, porque, para o efeito, tem de alegar uma causa justificativa e fazer a devida prova.

Em terceiro lugar, o art. 26 apresenta muitas lacunas, motivo por que a sua aplicação levanta imensas dúvidas, principalmente no que respeita à parte *procedimental*. Não fixa qualquer prazo para a comunicação prévia aos trabalhadores da transmissão da empresa. Não faz alusão à consulta (e/ou participação) dos sindicatos ou dos representantes dos trabalhadores visando a obtenção de um acordo sobre o futuro dos trabalhadores em consequência da transmissão. O artigo também não indica quem é o responsável pelas dívidas vencidas no período que antecede os dois meses anteriores à transmissão[11]. Por último – não porque a lista das lacunas se tenha esgotado – o preceito não esclarece se tem ou não direito a indemnização o trabalhador que sofra um prejuízo sério resultante da transmissão do estabelecimento.

Em todo o caso, uma análise do elemento finalístico do art. 26 poderá conduzir-nos ao espírito que teria informado o legislador a consagrar o

---

[10] Romano Martinez, *Da Cessação do Contrato*, Almedina, Coimbra, 2005, p. 113.

[11] O n.º 3 do art. 26 prescreve a responsabilidade solidária do adquirente e do cedente pelas dívidas por este contraídas nos dois meses anteriores à transmissão. Aos créditos e débitos laborais que antecedem os dois meses anteriores à cessão aplicar-se-ão as regras dos arts. 424.º ss. CC? Temos as nossas dúvidas. Retomaremos este assunto no segundo capítulo, no item sobre a responsabilidade por dívidas, em caso de transmissão de empresas.

regime jurídico deste preceito. Mas, ainda assim, pensamos que se torna forçoso concluir que o legislador terá dito menos do que queria (devia) dizer. Admitindo que sim, seriamos obrigados, no mínimo, a fazer uma interpretação extensiva do artigo, aplicando, por exemplo, as normas gerais relativas à indemnização por danos, nas situações em que da transferência adviesse um prejuízo sério para o trabalhador. Ou, quem sabe, e indo mais longe, seriamos forçados a recorrer à interpretação correctiva, imposta pelo elemento sistemático, para fixarmos o sentido e o alcance do art. 26 *"tendo sobretudo em conta a unidade do sistema jurídico"* (art. 9.º, n.º 1 CC). É que a nossa lei laboral, nos arts. 66 ss., prevê a possibilidade de rescisão unilateral do contrato, por iniciativa do trabalhador, com justa causa e direito à indemnização. Embora, refira-se, nem sempre o legislador o faça com a clareza que é indispensável para matéria tão relevante quanto o é a da cessação do contrato de trabalho[12].

Aliás, na sub-rogação legal do contrato subjacente à transmissão da empresa, reina, entre os estudiosos de direito, alguma dissonância relativamente à questão de saber se o art. 26 consagra o direito à indemnização, em caso de rescisão unilateral do contrato de trabalho, por iniciativa do trabalhador, com justa causa.

Uma parte da doutrina, considerando a *ratio legis* do artigo, defende que o preceito visa proteger a estabilidade no emprego, garantindo ao trabalhador a manutenção do posto e das condições de trabalho, em caso de transmissão, idênticas as que o cedente lhe concedia[13]. E, por causa disso, a lei reconhece ao trabalhador a faculdade de *resolver* o contrato de trabalho, com direito a indemnização, apenas quando se prove que a transferência lhe causa prejuízo sério. Sendo-lhe, porém, negada essa compensação, se houver prova em contrário, cujo ónus impende sobre o empregador

---

[12] Veja-se, por exemplo, o texto do art. 67, n.º 1 cuja interpretação não é unívoca. O ponto é: poderá o trabalhador rescindir *(denunciar)*, nos termos desta norma, o contrato de trabalho sem justa causa? Parece que sim. O art. 67, n.º 5 só pune o trabalhador que infringir o prazo de aviso prévio, mas não obriga a alegar causa justificativa para a *rescisão* unilateral do contrato.

[13] No mesmo sentido, a propósito do art. 37.º LCT, o Ac. da RL, de 25.06.2003, Proc. N.º 2972/2003-4, cuja consulta se fez informaticamente em http://www.dgsi.pt/jtrl.nsf, no dia 21.11.2004 e Catarina Nunes de Oliveira Carvalho, *"O direito do trabalho perante a realidade dos grupos empresariais – Alguns problemas ligados à transmissão de estabelecimento entre empresas do mesmo grupo"*, V Congresso Nacional de Direito do Trabalho, Almedina, Coimbra, 2003, p. 71.

(art. 344.°, n.° 1 CC). A este propósito BERNARDO LOBO XAVIER[14] considera que a "falta de *"prejuízo sério"* funciona, pois, como uma excepção aposta ao dever geral de indemnizar o trabalhador da rescisão causada pela transferência". Para este Autor a existência de prejuízo sério constitui um pressuposto do direito à rescisão e do consequente direito à indemnização. Da mesma forma que a sua inexistência fundamenta a falta de justa causa para a rescisão unilateral do contrato com direito à indemnização.

Em sentido diverso, lavra uma outra ala doutrinária. Defende esta que, à luz do art. 26, o trabalhador pode opor-se à transmissão do respectivo contrato de trabalho, resolvendo-o, com direito à indemnização, mesmo não tendo sofrido qualquer prejuízo sério resultante da transmissão. Os fundamentos dos defensores desta posição alinham-se em dois pilares. O primeiro, assente no brocardo latino *ubi lex non distinguit nec nos distinguere debemus*[15]. É verdade que o art. 26 não se refere ao prejuízo sério nem à obrigação de indemnizar o trabalhador, em caso de mudança da titularidade da empresa. Vai daí, concluírem os defensores desta tese, que não se deve acrescentar ao texto legal o que ele não prevê. O segundo argumento baseia-se no princípio da liberdade contratual (art. 405.° CC), que integra a liberdade de celebração e de estipulação (e, *quiçá*, a liberdade de escolha da profissão – art. 84, n.° 2 CRM). Assim sendo, o trabalhador só deve prestar a actividade sob direcção e autoridade de um empregador que tenha escolhido livremente, o que, em geral, não se verifica na transmissão da empresa. Nesta situação, a alteração da posição contratual de empregador, que passa do transmitente para o adquirente, opera automaticamente, por força da lei.

Daí que, para os defensores desta posição doutrinária, o trabalhador pode ver-se assim forçado a trabalhar em local e para empregador que não escolheu. O que, a suceder, violaria um dos direitos fundamentais do trabalhador, podendo assim constituir justa causa para a rescisão unilateral do contrato de trabalho com direito à indemnização.

Discordamos, em parte, desta interpretação. Estamos de acordo quanto à rescisão do contrato ter de ser com causa justificativa, tendo em

---

[14] BERNARDO LOBO XAVIER, *"O lugar da prestação ..."*, cit., p. 49. Em itálico e com aspas, no original.

[15] "Não deve o intérprete distinguir onde a lei não opera distinções" – trad. de ANA PRATA, *Dicionário Jurídico*, 3.ª Edição – Revista e Actualizada, (6.ª Reimpressão) Almedina, 1999, p. 971.

24 A Transmissão da Empresa à Luz da Lei do Trabalho Moçambicana

conta o escopo prosseguido pelo art. 26 – a manutenção dos direitos dos trabalhadores na transmissão da empresa ou estabelecimento –, pese embora essa solução não possua consagração expressa na ordem jurídica moçambicana[16]. Por outro lado, nos termos do art. 9.º, n.º 1 CC, a interpretação não tem de cingir-se à letra da lei, antes, deve reconstituir o pensamento legislativo, a partir do texto legal. Certo sendo que se exige do pensamento legislativo um mínimo de correspondência verbal na letra da lei, ainda que imperfeitamente expresso (art. 9.º, n.º 2 CC). Por isso, pensamos que aquele brocardo latino deve ser interpretado restritivamente. Aliás, como observa FRANCESCO FERRARA[17], a interpretação restritiva ocorre, por exemplo, nos casos em que: "(…) se o princípio, aplicado sem restrições, ultrapassar o fim para que foi ordenado". Parece-nos ser esse o caso. A aplicação daquela máxima latina, sem quaisquer restrições, afigura-se-nos perigosa e susceptível de prejudicar o fim último a que se destina o regime legal do artigo em análise.

No essencial, o regime jurídico do art. 26 tem em vista a protecção dos direitos dos trabalhadores, na transmissão da empresa ou estabelecimento, emergentes não só das relações individuais, mas também das relações colectivas de trabalho. Nesse contexto, cumpre analisar até que ponto o transmissário responde também pelas obrigações assumidas pelo transmitente, no domínio das relações colectivas de trabalho. Ou seja, vamos averiguar o que se passa com os direitos e obrigações resultantes dos IRCT quando o estabelecimento por eles abrangido é transmitido. Trata-se de estudar a problemática da sobrevigência das convenções colectivas em caso de transmissão de empresas ou estabelecimentos.

O regime da transmissão do estabelecimento no direito laboral versa ainda sobre muitas outras matérias quais sejam: a cessão (convencional) da posição contratual, a transmissão de empresas nos grupos económicos, o *outsourcing*[18] e a deslocalização de empresas. A transmissão de empre-

---

[16] Hoje, no direito português, é a letra da própria lei que impõe que o direito a indemnização, na resolução do contrato, no caso de transmissão da empresa, só é exigível se o trabalhador sofrer um prejuízo sério decorrente da transferência (art. 315.º, n.º 4 CT).

[17] FRANCESCO FERRARA, *Interpretação e Aplicação das Leis*, 4.ª ed., Coimbra, 1987, p. 149.

[18] De acordo com FRANCISCO MANUEL DE LAS HERAS BORRERO/MARTA LLADÓ ARBURUA, *"Mantenimiento de los derechos adquiridos de los tratadores en caso de céssion de empresa conforme a la Directiva 77/187/CEE: noción, jurisprudencia y propuesta de reforma"* – *Revista Española de Derecho del Trabajo*, 1997, pp. 393 ss., o *"outsour-*

Introdução 25

sas é, hoje, um assunto incontornável, sobretudo, se considerarmos o actual estágio de crescimento avassalador da economia globalizada. Como diz CATARINA CARVALHO[19], "o desenvolvimento de processos de globalização, terciarização e liberalização dos movimentos de pessoas e capitais, materializados numa dinâmica de internacionalização e interdependência dos mercados, veio confirmar a insuficiência da empresa singular e independente como célula base de organização deste novo modelo económico".

Em Moçambique, a transmissão de empresas ou estabelecimentos também se ficou a dever a processos de reversão ou nacionalização de empresas e à sua posterior privatização, assuntos que abordaremos de forma inevitavelmente abreviada.

Na impossibilidade de tratarmos de todas as questões jurídicas inerentes à transmissão de empresas, vamos enunciar as principais ideias, suscitar algumas dificuldades e apontar determinadas soluções, umas específicas outras gerais, sendo certo que dispensaremos as matérias que, não obstante a sua pertinência, extravasem o objecto do nosso trabalho, o qual, desde já, se impõe delimitar; o que faremos de imediato.

2. Delimitação do objecto

Temos plena consciência da vastidão do tema da transmissão de empresas. Abrange não só as situações em que opera a mudança (subjectiva) do titular da empresa, mas também aquelas em que a alteração se processa do lado da própria empresa (alteração objectiva).

A importância da empresa, no domínio das relações de trabalho, é salientada por BERNARDO LOBO XAVIER[20], ao considerar que a legislação

---

cing" cobre três situações diferentes: a concessão de um contrato a um prestador de serviços para realizar uma actividade que originariamente era realizada pela companhia que concede o contrato; a transferência de um contrato de um prestador de serviços para outro e o reinício de uma actividade pela empresa pessoal, *apud* JÚLIO MANUEL VIEIRA GOMES, *"A jurisprudência recente do Tribunal de Justiça das Comunidades Europeias em matéria de transmissão de empresa, estabelecimento ou parte de estabelecimento – inflexão ou continuidade?"*, Estudos do Instituto de Direito do Trabalho, Almedina, 2000, vol. I, p. 491, n. 25.

[19] CATARINA CARVALHO, *Da mobilidade dos trabalhadores no âmbito dos grupos de empresas nacionais*, Publicações Universidade Católica, Porto, 2001, p.17.

[20] BERNARDO LOBO XAVIER, *"Entidade Patronal", in* Polis – Enciclopédia Verbo da Sociedade e do Estado, vol. II, Verbo, Lisboa/S. Paulo, 1984, p. 980.

26   *A Transmissão da Empresa à Luz da Lei do Trabalho Moçambicana*

do trabalho foi concebida em função das "entidades patronais que exercem uma empresa em sentido laboral (…)". Na verdade, a empresa é o fulcro do desenvolvimento da situação jurídica de trabalho. Esta, por seu turno, tem como fonte principal o contrato de trabalho, que não se dissolve com a transmissão da empresa, antes pelo contrário, acompanha as transformações que esta venha a conhecer. Essas modificações podem verificar-se tanto nos elementos objectivos da empresa (sob a forma de actos negociais e não negociais), como nos elementos subjectivos, mormente, a modificação da posição contratual do empregador[21].

O trabalho que nos propomos realizar tem como objecto a análise do regime jurídico da sub-rogação legal no contrato de trabalho inerente à transmissão da empresa ou estabelecimento, nos termos do art. 26. A nossa investigação dará mais enfoque à alteração subjectiva e seus efeitos, na perspectiva do direito nacional e estrangeiro. Em função do escopo prosseguido pelo art. 26, cumpre averiguar as consequências da alteração subjectiva do empregador, por força da lei, nas relações individuais e colectivas de trabalho antes ajustadas com o transmitente.

Significa que não nos iremos ocupar de matérias como a cessão da posição contratual (arts. 424.º ss. CC), o *outsourcing* ou terciarização, a transmissão de empresas no seio de grupos económicos e a deslocalização de empresas, apesar da sua reconhecida relevância no quadro jurídico em análise. De igual modo, não constitui nossa prioridade abordar os elementos objectivos por que a empresa se pode transmitir, quais sejam os actos negociais e não negociais conexos à temática da transmissão de empresas. Mas, se tal acontecer, será sempre e em todo o caso uma referência lateral, sem qualquer pretensão de detalhe.

É, pois, no domínio da lei aplicável à transmissão de empresas ou estabelecimentos, mais precisamente, a análise do regime jurídico do art. 26 que desenvolveremos o nosso trabalho. Nesse contexto, destacaremos os aspectos mais relevantes da regulação nacional e estrangeira relativas à transmissão do estabelecimento recorrendo, na medida do possível, à doutrina e jurisprudência, sobretudo, do direito comparado.

---

[21] Dada a natureza *intuitu personae* do contrato de trabalho, a alteração subjectiva, em geral, não se processa do lado do trabalhador, é apenas exequível do lado do empregador. Existem opiniões contrárias.

Introdução 27

Após a exposição dos motivos que presidiram à escolha do tema e feita a delimitação do objecto, vamos, em seguida, indicar a forma como o presente estudo se vai processar.

3. Sequência e razão de ordem

O percurso que nos propomos seguir, no presente estudo, é definido pelo esboço do próprio regime jurídico da transmissão da empresa vigente no direito laboral moçambicano, em confronto (comparativo) com a regulamentação estrangeira sobre a matéria.

Assim, começaremos (*Capítulo I*) por fazer uma análise dos conceitos de empresa, estabelecimento e parte do estabelecimento, enquanto *objecto* da transmissão. Em seguida, ocupar-nos-emos da noção de transmissão da empresa, estabelecimento ou parte deste, subjacente ao art. 26. Ainda no presente capítulo, trataremos de traçar o perfil que distingue a cessão da posição contratual, *ope legis*, de figuras afins. No essencial, neste primeiro capítulo, vamos debruçar-nos sobre os pressupostos ou requisitos indispensáveis para contextualizar e entender o regime jurídico da transmissão do estabelecimento. Não apresentaremos, como é óbvio, um estudo aprofundado de tais figuras, o que, aliás, não caberia no domínio restrito do nosso trabalho.

Em seguida (*Capítulo II*), faremos uma breve análise do regime jurídico da transmissão da empresa ou estabelecimento, cotejando o que sobre a matéria se estabelece na regulação nacional e no direito comparado. Para tal, faremos uma abordagem acerca da forma da transmissão. Ao que se seguirá uma ponderação sobre o direito de oposição do trabalhador, no caso de transmissão de empresas. Abordaremos, acto contínuo, a matéria relativa à repercussão da transmissão da empresa nas relações colectivas de trabalho, centrando a nossa atenção na problemática da sobrevigência dos IRCT, depois da transmissão da empresa; e a questão da responsabilidade por dívidas/créditos laborais dos trabalhadores. E, a concluir o capítulo, vamos traçar, de forma abreviada, a natureza jurídica da transmissão da empresa; vale dizer, da cessão da posição contratual, *ope legis*.

Finalmente, e também de forma necessariamente sucinta, apresentaremos as principais conclusões do nosso estudo.

CAPÍTULO I

4. Conceito de empresa, estabelecimento e parte do estabelecimento

4.1. *Considerações preliminares*

O art. 26 regula a transmissão da empresa ou estabelecimento. À *priori*, o objecto a transmitir pode ser uma empresa ou um estabelecimento (ou, ainda, uma "parte do estabelecimento"[22]). Todavia, o art. 26 não apresenta o conceito de nenhum deles. Por isso, a anteceder a análise da noção de transmissão, impõe-se determinar o que se deve entender por empresa, estabelecimento ou parte do estabelecimento, que é objecto da transmissão.

O conceito de empresa ou de estabelecimento advém, originariamente, da ciência económica, aliado à ideia de organização dos factores de produção (capital, trabalho e natureza) para a realização de uma actividade produtiva. Terá sido a partir da concepção económica que a doutrina desenvolveu, ao longo de anos, a noção jurídica destes institutos. Mau grado, tal conceito jurídico não se acha expressamente consagrado no nosso direito positivo.

O legislador, na epígrafe do art. 26, refere-se ao objecto da transmissão em alternativa "empresa ou o estabelecimento"[23]. E, em preceitos sub-

---

[22] O art. 26 não se refere expressamente à transmissão de "parte da empresa" ou "parte do estabelecimento".

[23] Com redacção similar, veja-se a epígrafe do art. 318.º CT. Este, porém, no seu n.º 1, alarga o objecto da transmissão à "parte da empresa" e à "parte do estabelecimento". Esta referência, na ordem jurídica portuguesa, é recente – o revogado art. 37.º LCT referia-se apenas à "transmissão do estabelecimento" –, e julgamos que resulta da transposição da Directiva n.º 2001/23/CE, de 12 de Março de 2001. Esta Directiva revogou a Directiva n.º 77/187/CEE, de 14 de Fevereiro de 1977, com as alterações introduzidas pela Directiva n.º 98/50/CE, de 29 de Junho de 1998.

sequentes da lei, usa os dois termos de uma forma mais ou menos indiferenciada. Essa utilização indistinta suscita a questão seguinte: terá sido intenção do legislador considerar a empresa e o estabelecimento, nos termos e para os efeitos da disposição em análise, como duas realidades homogéneas? Ou, pelo contrário, com tal destrinça, quis o legislador foi enfatizar que o objecto da transmissão tanto pode ser uma ou outra figura, reconhecendo-as, ainda assim, como dois *entes* distintos.

A resposta não é líquida, nem unívoca. As divergências são agravadas pelo facto de, quer a empresa, quer o estabelecimento, não constituir uma realidade uniforme. Pelo contrário. Logo, não pode haver uma noção única de empresa, nem de estabelecimento, nem mesmo, um conceito específico de qualquer uma das duas figuras para o Direito do Trabalho. Especificidade essa que, segundo alguns autores, se afigura indesejável, pois segundo eles, parece que acrescentaria mais dificuldades do que soluções. Não é, todavia, essa a opinião de LIBERAL FERNANDES[24], para quem se perspectiva "(…) uma evolução no direito nacional no sentido do reforço da afirmação de um conceito de empresa específico do direito do trabalho – basicamente entendida como simples organização duradoura de actividades assalariadas – e, portanto, de certa forma independente da noção de estabelecimento de raiz comercialista (…)". Reitere-se que os conceitos de empresa e de estabelecimento têm sido objecto dos mais amplos e acesos debates doutrinais.

COUTINHO DE ABREU[25] considera que, na perspectiva comercialista, e apesar da sua utilização indistinta, os termos *empresa* e *estabelecimento* apresentam conotações distintas. Existe um uso preferencial do primeiro para destacar o seu perfil *subjectivante* e do segundo para demarcar a sua dimensão *objectivista*. Quer dizer: a palavra *empresa* emprega-se mais para designar – a actividade estreitamente ligada ao sujeito que a realiza (art. 230.º C Com.), e *estabelecimento* – como objecto de domínio (arts. 24.º CCom., 1085.º e 1118.º CC). Mas admite o Autor a utilização da empresa ou do estabelecimento – num *tertius gens* – com um perfil *insti-*

---

[24] FRANCISCO LIBERAL FERNANDES, *Harmonização Social no Direito Comunitário: A Directiva 77/187/CEE Relativa à Transferência dos Trabalhadores de Empresa. Suas Implicações no Direito Português, in AB VNO AD OMNES* – 75 anos da Coimbra Editora, Coimbra, 1998, págs. 1323 e segs., págs. 1347-1348, *apud* JÚLIO GOMES, *"A jurisprudência recente …"*, cit., p. 485.

[25] COUTINHO DE ABREU, *A empresa e o empregador…*, cit., pp. 4-6.

tucionalzante. Nesta acepção, a empresa corresponde "a algo que transcende o seu sujeito, como um corpo autonomizado". Por isso, conclui, mais adiante, que "podem ambos, apesar disso, ser utilizados como sinónimos". Por outro lado, o Autor alerta para o facto de que qualquer uma destas palavras pode designar mais do que uma realidade, que varia conforme se utilize em sentido lato ou restrito. Assim, por "estabelecimento" pode designar-se a "organização comercial global do comerciante (arts. 24.º CCom., 1085.º e 1118.º CC) – *lato sensu*; ou a "loja", o "armazém" ou a "unidade técnica" (arts. 95.º, n.º 2 e 263.º, § único, ambos do CCom.) – *strictu sensu*. De igual modo, por "empresa" pode entender-se, em *sentido próprio*, a "organização estável de factores produtivos" e, em *sentido impróprio*, "o sujeito da organização empresarial", isto é, o empresário.

E no âmbito das relações laborais, como se apresenta esta problemática? De acordo com o Autor que vínhamos citando[26], neste domínio, a falta de uniformidade e univocidade terminológica é mais complexa. Apesar disso, têm aqui plena aplicação os perfis atrás referenciados, a propósito da acepção comercial dos dois termos. Com efeito, na lei laboral, a empresa ou o estabelecimento pode designar: o objecto da situação jurídica de trabalho (*perfil objectivo*); o sujeito da relação jurídico-laboral (*perfil subjectivo*) ou a *empresa* enquanto instituição social organizada, formada pelo empresário e seus colaboradores (*perfil institucional*). Feitos estes considerandos, COUTINHO DE ABREU propõe a seguinte definição de *empresa laboral*[27]: "*toda a organização de meios que constitui um instrumento de exercício relativamente continuado de uma actividade de produção, cujos trabalhadores estão sujeitos, individual e colectivamente, ao regime do Direito do Trabalho*".

Esta definição deve ser vista como um operador conceptual, genérico e abstracto, cuja concretização tem de ser feita caso a caso. Dela destacam-se três elementos: os bens materiais (prédios, máquinas, etc.) imateriais (direitos e relações jurídicas, marcas, etc.) e humanos (força de trabalho). A empresa, enquanto *organização de meios*, conjuga, sistematiza e confere funcionalidade a esses factores, para prosseguir uma determinada actividade produtiva. A *empresa laboral*, mais do que uma "*organização de meios*" é uma "*organização de pessoas*". BERNARDO LOBO XAVIER[28] diz

---

[26] COUTINHO DE ABREU, *A empresa e o empregador...*, cit., pp. 6 ss.
[27] Expressão utilizada, entre outros, por este Autor na obra cit., p. 10.
[28] BERNARDO LOBO XAVIER, *Curso...*, cit., p. 204.

que "a empresa [na acepção laboral] é uma comunidade produtiva organizada, sobretudo enquanto organização de pessoas". Em idêntica perspectiva, ROMANO MARTINEZ[29] define a empresa como uma "organização de pessoas e bens para a prossecução de um determinado objectivo". Portanto, o Direito Comercial perspectiva a empresa, antes de tudo, na sua dimensão patrimonial, e o Direito do Trabalho, na sua dimensão humana.

A relevância da empresa, na disciplina jurídica do trabalho, é sobejamente reconhecida. A maior parte das normas laborais pressupõe a concretização da prestação de trabalho na empresa. Embora seja certo e sabido que nem toda a actividade se realiza no seio da organização empresarial. Mas esta situação é como que *excepcional*. Basta referir, à titulo meramente exemplificativo, que, na lei laboral moçambicana, o regime dos direitos e deveres do trabalhador (arts. 15 e 16), dos poderes do empregador (arts. 18 e 19), dos direitos colectivos (arts. 84 ss.) e da própria transmissão do estabelecimento (art. 26) pressupõem a realização da actividade na empresa.

À propósito da relevância júridico-laboral da empresa, MONTEIRO FERNANDES[30] distingue as relações de trabalho em função da existência ou não da empresa e do grau de complexidade desta. Considera o Autor que, dentro do quadro empresarial, as relações laborais despersonalizam-se, os poderes directivo e disciplinar diluem-se nessa organização hierarquizada e institucionalizada. Em contrapartida, não havendo empresa, as relações de trabalho são significativamente mais personalizadas, o poder de direcção exerce-se com maior intensidade, mas o poder disciplinar "quase perde razão de ser". E, por último, conclui que "(…) as relações de trabalho variam, quanto ao seu conteúdo, conforme sejam ou não enquadradas por uma empresa".

Após este excurso, é altura de retornarmos o problema levantado pela utilização indiferenciada dos termos "empresa" e "estabelecimento", na epígrafe do art. 26. Será que são aí empregues como sinónimos? Parece-nos que sim. Senão, vejamos.

Se partirmos da acepção comercial, como já foi notado, o estabelecimento identifica-se mais com o seu perfil objectivo. Ou seja, por estabelecimento denomina-se o conjunto de bens que o empresário reúne para a exploração da sua actividade económica; o património ligado pela vontade

---

[29] ROMANO MARTINEZ, *Direito…*, cit., pp. 124 ss.
[30] MONTEIRO FERNANDES, *Direito…*, cit., pp. 245 ss.

Capítulo I   33

daquele a um fim comum: o exercício da empresa. ORLANDO DE CARVA-LHO[31] adopta o seguinte conceito de estabelecimento: "organização afectada ao exercício de um comércio ou indústria que pode compreender mais do que uma unidade técnica". Assim considerado, o estabelecimento é mais uma universalidade de facto (art. 206.° CC) do que uma universalidade de direito.

Pode o estabelecimento ser uma universalidade de direito? Cremos que a resposta seja afirmativa. Designadamente quando ele é tido como: "um complexo de elementos em interacção", uma unidade complexa (*unitas complexa*), isto é, global, não elementar (constituída por partes diversas inter-relacionadas) e original (com qualidades próprias), um "todo [que] é mais que a soma das suas partes", com propriedades "novas" ou "emergentes"[32]. É, pois, neste último sentido – do estabelecimento como "objecto unitário de negócios" – cremos, que o estabelecimento se identifica com a empresa. Terá sido precisamente nesta acepção que o legislador usou, em alternativa (digo, em sinonímia), os dois termos, na epígrafe do preceito em estudo.

Por via das dúvidas, poderíamos questionar se, para os efeitos do art. 26, é possível transmitir-se o estabelecimento como "coisa composta". Ou seja, noutra formulação: à luz do art. 26, é permitida a negociação isolada dos bens que integram o estabelecimento? Pensamos que não. Porque o estabelecimento tem de ser transmitido como um todo, como uma universalidade de direito, como uma unidade económica, dotada de maior ou menor complexidade. Só assim realizará o fim a que se destina; só assim será funcional. Parafraseando MONTEIRO FERNANDES[33], na análise do art. 37.° LCT, "existe uma equivalência entre empresa e estabelecimento, desde que se considere este último como uma organização técnico-laboral". Na transmissão do estabelecimento, integram-se, normalmente, todos os elementos que o compõem: corpóreos (mercadorias, máquinas, utensílios, entre outros) e incorpóreos (direitos, obrigações, etc.). Na verdade, a transferência de uns sem outros inviabiliza a sua aptidão funcional e produtiva, não permitindo, portanto, a realização da finalidade comum a que o estabelecimento se destina.

---

[31] ORLANDO DE CARVALHO, *Critério e Estrutura do Estabelecimento Comercial, I – O problema da empresa como objecto de negócios,* Coimbra, 1967, p. 717.

[32] COUTINHO DE ABREU, *Da empresarialidade – As empresas no direito*, Colecção Teses, Almedina, Coimbra, 1998, p. 44.

[33] MONTEIRO FERNANDES, *Direito...*, cit., p. 246.

34 *A Transmissão da Empresa à Luz da Lei do Trabalho Moçambicana*

Em todo o caso, reconhecemos, por um lado, que qualquer um dos dois termos – empresa e estabelecimento – possui, nos vários ramos do direito, múltiplas acepções. E, por outro, que não é possível encontrar um conceito jurídico unitário dos mesmos, susceptível de operar em todos os ramos do Direito. Consequentemente, superada qualquer imprecisão terminológica de ordem jurídica, podemos considerar que a empresa ou o estabelecimento, em sentido jurídico, corresponde a uma unidade económica ou a uma organização técnico-laboral. Corresponde, por assim dizer, a uma organização de meios produtivos de que o empregador e os seus colaboradores se servem para prestar uma certa actividade tendo em vista o exercício de uma actividade comum.

4.2. *Do ponto de vista do direito comparado*

A criação da Comunidade Europeia foi acompanhada da instituição de um sistema jurídico autónomo e independente, o qual vincula os Estados-Membros e os seus cidadãos nacionais – o direito comunitário.

A autonomia do direito comunitário constitui a garantia que lhe permite manter a sua eficácia em relação aos Estados-Membros e a sua aplicação uniforme no território de cada um deles. Deste modo, os preceitos comunitários são interpretados à luz dos interesses e exigências da União Europeia. Em todo o caso, a autonomia da ordem jurídica comunitária relativamente aos ordenamentos jurídicos dos Estados-Membros não impede que o direito comunitário se integre nos direitos nacionais e que seja aplicado pelos respectivos órgãos jurisdicionais[34]. O direito nacional deve respeitar, como *minus*, a norma comunitária. Mas a interpretação da lei, assente apenas na norma nacional, também não satisfaz, porque pode não alcançar plenamente os objectivos da norma comunitária.

Em matéria de transmissão de empresas ou estabelecimentos, no direito comunitário, a Directiva n.° 77/187/CEE, de 14 de Fevereiro de 1977[35], visando aproximar as legislações dos Estados-Membros relativas à manutenção dos direitos dos trabalhadores, veio estabelecer, pela primeira vez, a necessidade de "adoptar disposições para proteger os trabalhadores em caso de mudança de empresário, especialmente para assegu-

---

[34] Cfr. o art. 10.° do Tratado de Roma.
[35] JO L 61, de 05.03.1977, p. 26.

rar a manutenção dos seus direitos". Esta Directiva, porém, apesar de referir-se aos casos de transferência de empresas, estabelecimentos ou partes de estabelecimentos, não apresenta qualquer definição dessas figuras. Aquela Directiva, sob proposta da Comissão, viria a ser alterada e substituída pela Directiva n.º 98/50/CE, de 29 de Junho de 1998[36]. Um dos objectivos visados pela proposta de alteração era no sentido de a nova Directiva vir esclarecer o conceito jurídico de *"transferência"*, no domínio da transmissão de empresas ou estabelecimentos. Impunha-se, no entender da Comissão, que se fizesse uma clara destrinça entre as situações de transmissão de uma unidade económica acompanhada da transferência da respectiva actividade, daqueles casos em que apenas se transfere a actividade sem a transmissão do estabelecimento. Esta preocupação da Comissão, porém, não viria a ser acolhida no texto da nova Directiva (98/50/CE), que, na essência, manteve inalterado o conteúdo da anterior. Esta Directiva, acolhendo a jurisprudência do TJCE, acabou por consagrar uma noção de transmissão ("transferência", na designação do diploma), no seu art. 1.º, al. b)[37].

Este artigo estabeleceu, pela primeira vez, um conceito de empresa, estabelecimento ou parte do estabelecimento, na acepção da Directiva. A empresa é, em suma, uma *"unidade económica que mantém a sua identidade"*, que deve ser *"entendida como um conjunto de meios organizados, com o objectivo de exercer uma actividade económica, seja ela essencial ou acessória"*. Noção que a actual Directiva (2001/23/CE)[38], de 12 de Março de 2001, no essencial, manteve. Podemos, então, concluir que, na acepção da Directiva, é esta a noção de empresa, estabelecimento ou parte do estabelecimento. Nesse sentido, o TJCE assim a tem vindo a definir, nos diferentes casos em que interveio.

Para melhor ilustração do conceito, nada melhor do que analisar, sumariamente, um dos casos em que o Tribunal de Justiça foi chamado a pronunciar-se sobre a noção de empresa, na acepção da Directiva. Elege-

---

[36] JO L 201, de 17.07.1998, p. 88.

[37] *"Sob reserva do disposto na alínea a) e das disposições seguintes do presente artigo, é considerada transferência, na acepção da presente directiva, a transferência de uma entidade económica que mantém a sua identidade, entendida como um conjunto de meios organizados, com o objectivo de prosseguir uma actividade económica, seja ela essencial ou acessória".*

[38] JO L 82, de 23.03.2001, p. 16.

36 A Transmissão da Empresa à Luz da Lei do Trabalho Moçambicana

mos, para o efeito, o *Caso P. Bork International* (PBI)[39]. Os factos, neste litígio, podem resumir-se como se segue.

A sociedade OTF cedeu em locação a sua fábrica de folheados à sociedade PBI, tendo esta ficado com o respectivo pessoal. Volvido pouco mais de um ano, a PBI denunciou o contrato de locação e despediu os trabalhadores, ficando a fábrica inactiva. No mesmo mês e ano do encerramento, a fábrica foi comprada à OTF pela sociedade JI. Esta, sem qualquer acordo prévio com a PBI, começou a laborar, no mês seguinte, tendo contratado grande parte dos trabalhadores despedidos pela PBI.

Com base nestes factos, corriam os seus trâmites, em órgãos jurisdicionais da Dinamarca, quatro processos instaurados por trabalhadores da PBI, cuja questão principal a decidir era saber se as obrigações desta sociedade (créditos salariais e subsídios de férias), em relação aos seus trabalhadores, entretanto contratados pela JI, ter-se-iam transferido para estoutra sociedade, face às circunstâncias de facto, ao disposto na lei dinamarquesa e na Directiva comunitária.

Num dos processos, o Tribunal de 1.ª instância julgou procedente o pedido de pagamento de salários em atraso e subsídios de férias, com o fundamento de que a aquisição da fábrica pela JI não era uma transferência para os efeitos da legislação dinamarquesa sobre protecção dos direitos dos trabalhadores no caso de transferência de empresas[40]. Por conseguinte, caberia à massa falida da PBI suportar o pagamento dos créditos reclamados.

Nos outros três processos, os trabalhadores despedidos pela PBI e, depois, contratados pela JI exigiam desta o pagamento dos salários e subsídios de férias não pagos pela PBI. O Tribunal de 1.ª instância considerou igualmente não ter aqui havido transferência da empresa para os efeitos da referida lei dinamarquesa. Assim sendo, absolveu a JI do pedido, não a considerando obrigada a pagar os créditos reclamados. Os três trabalhadores, não conformados, recorreram da sentença do Tribunal da 1.ª instância, alegando basicamente que a situação descrita cabia no âmbito da lei dinamarquesa e da Directiva comunitária (77/187/CEE).

---

[39] Proc. 101/87, *"Colectânea de Jurisprudência do Tribunal de Justiça"*, 1988, pp. 3057 ss. *apud* MANUEL DO NASCIMENTO BAPTISTA, *"A jurisprudência do Tribunal de Justiça da União Europeia e a defesa dos direitos dos trabalhadores no caso de transferência de empresas ou estabelecimentos"*, RMP, Ano 16.º, n.º 62, Abril/Junho, 1995, pp. 92-98.
[40] Lei n.º 11, de 21 de Março de 1979 (Dinamarca).

O Tribunal de recurso dinamarquês, face à alegada possibilidade de os factos se poderem subsumir ao âmbito da Directiva comunitária, achou por bem ouvir o TJCE, formulando-lhe a pergunta sobre se as dívidas salariais da PBI para com os seus trabalhadores contratados pela JI se teriam transferido para esta, dadas as circunstâncias de facto (supra sumariadas), em função do que dispõe a lei dinamarquesa e a Directiva comunitária já referidas.

O TJCE, obviamente, não analisou a questão à luz da lei dinamarquesa nem se pronunciou sobre a validade dos factos invocados. Com efeito, compete aos tribunais nacionais decidir sobre a matéria de facto relativa às condições de transferência, tais como, por exemplo, os elementos corpóreos e incorpóreos da empresa, o grau de semelhança da actividade prestada antes e depois da transferência e a manutenção de efectivos. O Tribunal de Justiça apenas baseou-se nesses factos para interpretar a norma comunitária avaliando se os mesmos são ou não abrangidos pela regulamentação comunitária.

Em síntese, e considerando a sua própria jurisprudência, o TJCE, no caso *sub judice,* decidiu que a noção a atribuir ao termo *empresa*, no contexto da Directiva n.° 77/187/CEE, tem de ser ampla, por forma a abarcar o maior número possível de situações, tendo em atenção que a transmissão se pode processar "por qualquer título"[41]. Assim sendo, deve definir-se a empresa na acepção que melhor permite atingir os objectivos prosseguidos pela Directiva, designadamente – a manutenção dos direitos dos trabalhadores, em caso de mudança da titularidade da empresa ou estabelecimento. O que importa é que "se mantenha a identidade da unidade económica", após a respectiva transmissão.

Mas em que consiste a manutenção de identidade de uma unidade económica depois da sua transmissão?

Nenhuma das Directivas o diz. Trata-se de um conceito fluido, indeterminado, que só é possível concretizar caso a caso. Aliás, para mitigar a falta de delimitação rigorosa desse conceito, o TJCE tem vindo a adoptar determinados critérios que permitem determinar as situações em que *"se mantém a identidade de uma empresa"*, depois da sua transmissão. Sendo de destacar, entre outros critérios: a manutenção de efectivos, o grau de semelhança entre a actividade desenvolvida antes e depois da transmissão,

---

[41] Voltaremos a esta questão da transferência "por qualquer título", no estudo da noção de transmissão.

38 A Transmissão da Empresa à Luz da Lei do Trabalho Moçambicana

a continuidade da clientela, a estabilidade e a funcionalidade da empresa. A ponderação destes critérios varia de acordo com o caso concreto, o que dificulta sobremaneira a sua aplicação. São, por sinal, muitos os casos submetidos à apreciação do TJCE, que espelham precisamente essa dificuldade. À título meramente exemplificativo, vamos analisar duas situações em que aquele Tribunal teve de decidir se havia manutenção de identidade da empresa transmitida. Trata-se, ao fim e ao cabo, de casos em que o Tribunal foi chamado a pronunciar-se sobre se, na acepção da Directiva, a empresa se mantinha (ou não), depois da mudança da sua titularidade.

Consideremos, primeiro, o *Caso Allen*[42], o qual opunha *C. Allen* (**A**) à *Amalgamated Construction Co. Ltd.* (**B**). As duas sociedades "irmãs", **A** e **B**, estavam inseridas num grupo cuja sociedade-mãe (**C**) detinha 100% do capital de ambas. O problema surgiu quando **A**, após ter celebrado com uma terceira sociedade **D**, proprietária de minas de carvão, um contrato nos termos do qual **A** continuaria a prestar trabalhos de perfuração nas minas, actividade que **D** vinha realizando. De acordo com uma proposta apresentada, **A** subcontratou **B**, pois os seus custos de mão-de-obra eram significativamente inferiores aos de **A**. Por causa dessa subcontratação, diminuiu o volume de actividade de **A**, que decidiu reduzir parte dos seus trabalhadores que realizavam a sua actividade naquelas minas, informando-os que poderiam ser contratados por **B**, após um fim-de-semana, o que veio a suceder. Volvido algum tempo, **D** manifestou o seu desagrado pelas condições de trabalho concedidas por diversos empreiteiros, incluindo **B**, pelo que sugeriu que, de futuro, os trabalhos fossem realizados por **A**, sem recurso à subcontratação. Face ao que **A** decidiu não subcontratar **B** e passou a realizar ela própria as novas empreitadas. Por isso, **A** teve de readmitir os seus antigos trabalhadores, em condições melhores do que as oferecidas por **B**, mas inferiores àquelas que **A** lhes concedia antes do despedimento. Não conformados com a situação, os trabalhadores interpuseram a competente acção. Perante o Tribunal, **A** veio alegar que entre ela e **B** não havia uma autonomia real, pelo que as duas deveriam ser consideradas como uma empresa única, não lhes sendo aplicável, portanto, a Directiva comunitária (77/187/CEE) relativa à transmissão do estabelecimento.

---

[42] Proc. C-234/98, Acórdão de 02.12.1999, *"Colectânea de Jurisprudência do Tribunal de Justiça ..."*, 1999, p. 8643 ss.

O TJCE, tendo em vista a manutenção dos direitos dos trabalhadores, decidiu que a Directiva podia "aplicar-se a uma transferência entre sociedades de um mesmo grupo ainda que tenham os mesmos proprietários, a mesma direcção, instalações e que trabalhem na mesma obra". O que interessa é que entre as duas empresas exista a transferência de uma *unidade económica* entendida como um *"conjunto organizado de pessoas e elementos que permitem o exercício de uma actividade económica que prossegue um objectivo próprio"* [43]. Sendo, também, imprescindível que a unidade transmitida conserve a sua identidade. No caso em apreço, cada empresa possuía autonomia jurídica, quer em relação à "sociedade irmã", quer em relação a terceiros, mesmo assim, o certo é que se operou uma mudança da respectiva titularidade jurídica. O Tribunal de Justiça considerou como factor determinante, para a existência da empresa, a manutenção dos seus efectivos. Nesse sentido, o acórdão do TJCE diz expressamente que "um conjunto de trabalhadores que executa de forma durável uma actividade comum pode corresponder a uma entidade económica".

Sendo consentânea com a noção de empresa até então desenvolvida, esta conclusão suscita, porém, uma nova inquietação. Pergunta-se se, na acepção da Directiva, há transmissão de uma unidade económica, mesmo que a transferência incida, não sobre a totalidade dos trabalhadores do estabelecimento, mas apenas sobre uma parte essencial destes? Tudo aponta no sentido de que a resposta seja afirmativa. Pois, apesar de persistir alguma indeterminação, desde logo, porque não é facilmente concretizável o que deva entender-se por *parte essencial* dos efectivos de uma empresa, ao que parece, em tal circunstância, estaremos perante a transmissão de uma *parte do estabelecimento*, conceito cujo sentido tentaremos concretizar em seguida.

Para tal, vamos analisar o segundo dos dois casos que anunciámos. Escolhemos, desta vez, um dos litígios que se tornou particularmente conhecido pela acesa polémica que a sua decisão provocou – referimo-nos ao *Caso Christel Schmidt*[44].

---

[43] Cfr., por todos, Catarina Carvalho, *"O direito do trabalho perante ..."*, cit., pp. 68-70 e Joana Simão, *"A transmissão de estabelecimento na jurisprudência do trabalho comunitária e nacional"*, Artigos, *QL*, Ano IX, 2002, pp. 204 ss.

[44] Proc. C-392/92, *"Colectânea de Jurisprudência do Tribunal de Justiça ..."*, Parte I, 1994, p. 1511.

40   *A Transmissão da Empresa à Luz da Lei do Trabalho Moçambicana*

Em síntese, o que se passou foi o seguinte. Uma trabalhadora, que prestava serviço de limpeza num banco, foi despedida tendo a sua actividade sido atribuída a uma empresa de prestação de serviços. Esta, mais tarde, veio a admitir a trabalhadora para continuar a encarregar-se da limpeza do mesmo local mediante o pagamento (segundo a trabalhadora), de uma remuneração inferior a que auferia no banco. Por este facto, a trabalhadora submeteu o caso ao Tribunal de Justiça que, na sua decisão, considerou ter havido transmissão de uma *parte do estabelecimento*. Esta, neste caso, era constituída pela única trabalhadora de limpeza contratada pela empresa de prestação de serviços, na sequência da transmissão do serviço de limpeza, como uma actividade autónoma, do banco para a dita empresa de prestação de serviços.

Esta sentença foi alvo de veementes críticas. De acordo com alguns desses críticos, o Tribunal de Justiça teria transformado a mulher de limpeza (uma só pessoa) em uma *parte do estabelecimento*, ou seja, em uma unidade económica, a qual, por via disso, teria sido transmitida ao novo adquirente. Parafraseando JÚLIO VIEIRA GOMES[45], "não faltou quem apodasse [esta] solução do Tribunal de Justiça de irresponsável, grotesca e impraticável…". Não obstante, o fundamento avançado pelo TJCE parece suficientemente convincente. Sustenta o Tribunal de Justiça – argumento que subscrevemos –, que a "relação de trabalho é essencialmente caracterizada pelo vínculo que existe entre o trabalhador e a parte da empresa a que está afectado para o exercício das suas funções"[46], desde que se mantenha a sua identidade como uma unidade económica.

O Tribunal de Justiça aqui, uma vez mais, decidiu de conformidade com o critério flexível que sempre norteou a sua jurisprudência, tendo em conta o tipo de actividade que a trabalhadora prestava e o estabelecimento em causa. Concordamos com JÚLIO VIEIRA GOMES[47], quando diz que, no caso *sub judice*, não era intenção do Tribunal de Justiça transformar ou reduzir a unidade económica a uma pessoa, actividade ou função. O que, de facto, o TJCE fez, foi agir em defesa dos direitos da trabalhadora, porque esta continuou a prestar trabalho idêntico e, coincidentemente, no mesmo local de trabalho – no banco. Como tal, a decisão do Tribunal

---

[45] Para mais desenvolvimentos, *vide* JÚLIO GOMES, *"A jurisprudência recente …"*, cit., p. 490.

[46] JOANA SIMÃO, *"A transmissão de estabelecimento …"*, cit., p. 206.

[47] JÚLIO GOMES, *"A jurisprudência recente …"*, cit., p. 493.

assentou na ponderação flexível das circunstâncias do caso concreto. Considerou ter havido transmissão de uma parte do estabelecimento, com base no critério da manutenção e semelhança da actividade prestada antes e depois da transmissão. Atendendo ao que se acabou de expor, podemos, então, concluir que por *"parte do estabelecimento"* se deve entender o *"(...) conjunto subalterno que corresponde a uma unidade técnica de venda, de produção de bens, ou de fornecimento de serviços, desde que a unidade destacada do estabelecimento global seja dotada de autonomia técnico-organizativa própria, constituindo uma unidade produtiva autónoma, com organização específica"*[48]. Ou, simplesmente, unidade económica, no sentido que lhe atribui o art. 1.°, n.° 1, al. b) da Directiva (2001/23/CE).

O TJCE, abdicando de conceitos formais e optando por critérios materiais, utiliza o conceito de empresa, estabelecimento ou parte do estabelecimento em sentido amplo. Deste modo, garante uma melhor defesa dos direitos dos trabalhadores, em caso de transmissão da empresa ou estabelecimento, que é um dos principais fins prosseguidos pela Directiva. De acordo com o referido critério material, a empresa ou estabelecimento corresponde, necessariamente, a uma unidade económica que desenvolve uma actividade produtiva, de forma estável e duradoura, com ou sem fim lucrativo. Situação esta que se constata em qualquer uma das situações supra analisadas.

Em Portugal, o art. 318.° CT, que transpõe para a ordem jurídica portuguesa a Directiva n.° 2001/23/CE, consagra, no seu n.° 1, que "em caso de transmissão, por qualquer título, da titularidade da empresa, do estabelecimento ou de parte da empresa ou estabelecimento *que constitua uma unidade económica (...)*"[49]. Resulta, pois, da própria lei que o objecto a transmitir tem de ser uma unidade económica. Esta, de conformidade com o que preceitua o n.° 4 do mesmo artigo, é *"o conjunto de meios organizados com o objectivo de exercer uma actividade económica, principal ou acessória"*. O legislador português acabou, assim, por adoptar no texto do Código do Trabalho a noção ampla de empresa consagrada na Directiva. Portanto, mais do que os aspectos formais, o art. 318.°, n.° 1 CT considera essencial, para haver transmissão, que a empresa transferida seja uma uni-

---

[48] Cfr. o Ac. STJ, de 30.6.1999: AD, 458.°-297.

[49] O itálico é nosso.

42   A Transmissão da Empresa à Luz da Lei do Trabalho Moçambicana

dade económica, estável, que conserva a sua identidade, mesmo com a alteração do seu titular[50].

Montoya Melgar[51] considera que, na Espanha, a legislação laboral utiliza de forma reiterada os termos *empresa* e *centro de trabalho*, para referir-se à empresa (conceito maior), que engloba um ou vários centros de trabalho (conceito menor). O Autor faz notar que o art. 1.°, n.° 5 ET, sem dar a noção de empresa, define o centro de trabalho como uma "unidade produtiva com organização específica", que equivale, segundo a jurisprudência espanhola, a uma "unidade técnica de produção"[52]. Em seguida, o mesmo Autor reconhece ser difícil distinguir centro de trabalho de empresa laboral, porque são uma e mesma realidade. Mas admite existir uma destrinça entre a empresa (*lato sensu*) e a empresa laboral, apresentando, em seguida, o conceito desta última como um "*conjunto organizado de trabajadores, dirigido por un empresario, por cuya cuenta prestan coordinadamente sus servicios*"[53].

Alonso Olea e Casas Baamonde[54], depois de reconhecerem as dificuldades relativas à determinação de um conceito jurídico de empresa, dizem que a noção jurídica de empresa poderia ser a seguinte: "*(...) una agrupación de personas que, controlando bienes diversos o servicios, tiene por finalidad la producción de bienes o servicios para un mercado*". De notar que estes Autores, tal como Montoya Melgar, enfatizam na noção de empresa, o factor humano (agrupamento de pessoas), atribuindo-lhe o poder de controlar o acervo patrimonial (bens e serviços) e de produzir bens ou serviços para o mercado. A empresa (estabelecimento ou

---

[50] No mesmo sentido, *vide* o Ac. STJ de 27 de Maio de 2004, cuja consulta se fez informaticamente em http://www.dgsi.pt/jtrl.nsf, no dia 25.02.2005, considera que "*(...) De acordo com a jurisprudência do TJCE, o critério fundamental para a aplicação da directiva comunitária n.° 77/187 quanto ao conceito de "estabelecimento" ou "parte de estabelecimento" é o de saber se há uma entidade que desenvolve uma actividade económica de modo estável e se essa entidade, depois de mudar de titular (ainda que sem vínculo negocial entre o transmitente e o transmissário), manteve a sua identidade*".

[51] Alfredo Montoya Melgar, *Derecho del Trabajo*, Vigésima cuarta edición, Editorial Tecnos, 2003, p. 540.

[52] Tradução livre de "*El art. 1.5 ET define el centro de trabajo como "unidad productiva con organización específica"; sería así, como dice la doctrina judicial, una "unidad técnica de producción*" – texto extraído de Montoya Melgar, *Derecho...*, cit., p. 540.

[53] Montoya Melgar, *Derecho...*, cit., p. 539.

[54] Alonso Olea e Maria Casas Baamonde, *Derecho del Trabajo*, Decimonovena Edición, Revisada, Civitas, Madrid, 2001, p. 178.

parte do estabelecimento) corresponde a uma organização, centro de trabalho ou unidade técnica de produção, enfim, a uma unidade económica, na acepção da Directiva.

No ordenamento jurídico brasileiro, a CLT não contém uma definição de empresa. Nos termos do art. 2.º CLT: *"considera-se empregador a empresa, individual ou colectiva, que, assumindo os riscos da actividade económica, admite, assalaria e dirige a prestação pessoal de serviço"*. Portanto, como efeito de uma imputação jurídica, na lei brasileira, o empregador é a empresa. O que equivale dizer que a empresa consubstancia uma das formas, senão a principal, dessa qualificação jurídica. Além disso, *"para os efeitos exclusivos da* [determinação] *relação de emprego"*, a lei equipara a empresa aos "profissionais liberais, às instituições de beneficiência e às associações recreativas", que até podem não ser instituições empresariais (art. 2.º, § 1.º CLT). Trata-se de uma equiparação fundada na lei, com um fim específico: averiguar, em concreto, a existência (ou não) de uma relação de emprego. Seja qual for a perspectiva em que se analise, esta noção confirma a elasticidade do conceito "empresa/empregador", na lei brasileira. De realçar que, no Brasil, a equiparação empresa/empregador tem merecido um amplo tratamento doutrinário e jurisprudencial, de que, obviamente, não nos iremos aqui ocupar.

De todo o modo, como diz AMAURI NASCIMENTO[55], *empregador* e *empresa* são conceitos que guardam entre si uma relação de gênero e espécie, uma vez que "empregador" constitui uma qualificação jurídica ampla, e "empresa", uma das formas, a principal, dessa qualificação (...)". Na opinião do Autor, apesar de não caber ao direito do trabalho dar o seu conceito de empresa ou a diferença entre esta e o estabelecimento, a empresa constitui uma das figuras principais das relações laborais. Pelo que, conclui ele, a definição de "empresa, sob o ângulo trabalhista, interessa apenas de um modo: como a organização que tem empregados e que portanto deve cumprir não apenas fins econômicos mas também sociais (...)"[56]. Em suma, e uma vez mais, a relevância da empresa ou do estabelecimento, na perspectiva juslaboralista, deriva do facto de ser uma organização de pessoas constituída para realizar uma função social e económica.

---

[55] AMAURI MASCARO NASCIMENTO, *Curso de Direito do Trabalho*, 19.ª edição, revista e actualizada, Editora Saraiva, São Paulo, 2004, p. 602. O itálico no original.

[56] *Ibidem*, p. 607.

4.3. Do ponto de vista do direito interno

O art. 26 diz que, na transmissão, se transfere uma empresa ou um estabelecimento para o adquirente. Não se refere à *parte do estabelecimento*, como já foi dito. A doutrina e a jurisprudência nacionais são unânimes em considerar que os dois termos, neste preceito, têm de ser entendidos em sentido amplo.

O legislador moçambicano emprega os dois vocábulos, ora em alternativa (n.° 1), ora em sinonímia (n.°s 2 e 3), o que faz pressupor que, no contexto da transmissão de empresas, empresa e estabelecimento não diferem. Sem dúvida que estas figuras se prestam frequentemente a confusões. De mais a mais, em normas laborais subsequentes, um e outro (mais a empresa do que o estabelecimento) são utilizados para designar, umas vezes, o *empregador*, outras, o *empresário* e, nas mais das vezes, a empresa enquanto *organização* ou *instituição*. Daí que, mesmo sem preocupações do detalhe, se impõe determinar as características básicas de cada uma delas, e desse modo distingui-las.

A definição de empregador, normalmente, obtém-se por via doutrinária, extraindo-a do conceito legal de contrato de trabalho (arts. 5, n.° 1 e 1152.° CC). Nesse sentido, predomina o entendimento de que o empregador é pessoa, física ou jurídica, que se identifica com o credor da prestação do trabalho, que é quem a dirige e orienta, sendo devedor da respectiva retribuição[57]. COUTINHO DE ABREU[58] define o empregador como "toda a pessoa singular ou colectiva perante a qual uma certa ou certas pessoas físicas [trabalhador/es] estão obrigadas, por contrato, a prestar determinada actividade, mediante retribuição, sob autoridade daquela". Desta definição depreende-se que existe uma conexão entre a figura do empregador e o contrato de trabalho.

Cabe, então, questionar: sem contrato de trabalho não há situação jurídica de trabalho? Por outras palavras: contrato de trabalho e situação jurídica de trabalho constitui uma só ou, antes, são duas realidades distintas?

Convém notar, antes de mais, que o vínculo laboral pode estabelecer-se, mesmo sem haver contrato de trabalho. É o que sucede na denominada

---

[57] BERNARDO LOBO XAVIER, *Curso...*, cit., pp. 307-315 ss.
[58] JORGE COUTINHO DE ABREU, *A empresa e o empregador...*, cit., p. 24.

presunção legal da existência da relação de trabalho (art. 5, n.° 2)[59]. Nesta circunstância, a determinação da identidade do empregador decorre mais da prova de existência da subordinação jurídica do trabalhador ao empregador do que, propriamente, do contrato de trabalho[60]. O empregador é a qualificação jurídica de um "ente", pessoa física ou colectiva, com ou sem personalidade jurídica, de direito privado ou público. O que nos permite, desde então, concluir que pode ser empregador quem possui trabalhadores a prestar-lhe actividade subordinada, mesmo que não tenha ajustado formalmente qualquer contrato de trabalho com eles. Por outro lado, pode-se deduzir que "é por meio da figura do trabalhador que se chega à do empregador, independentemente da estrutura jurídica que [este] tiver"[61].

A lei laboral moçambicana também não diz o que se deve entender por trabalhador. Referimo-nos ao trabalhador subordinado, *pessoa física* que, no contrato de trabalho, é devedor da prestação da actividade subordinada e credor da remuneração (arts. 5, n.° 1 e 1152.° CC). É trabalhador, para os efeitos da relação contratual de trabalho, aquele que presta actividade ao empregador em regime de subordinação jurídica. Assim se exclui, em princípio, a possibilidade de o trabalhador subordinado ser uma pessoa colectiva. Esta jamais poderá, de per si, executar a actividade, fá-lo-á por meio das pessoas físicas que a integram. Portanto, seria necessário recorrer à polémica figura da desconsideração da personalidade jurídica da pessoa colectiva, para que assuma a qualidade de trabalhador subordinado.

---

[59] *"A relação jurídico-laboral presume-se existente pelo simples facto de o trabalhador estar a executar uma determinada actividade remunerada com conhecimento e sem oposição da entidade empregadora"*. No ordenamento espanhol, o art. 8, n.° 1 ET consagra um regime substancialmente distinto preconizando a presunção legal da celebração de contrato de trabalho, nos termos seguintes: *"El contrato de trabajo se podrá celebrar por escrito o de palabra. Se presumirá existente entre todo el que presta un servicio por cuenta y dentro del ámbito de organización y dirección de otro y el que lo recibe a cambio de una retribuição a aquél"*. Por seu turno, a lei portuguesa (art. 12.° CT) contém uma norma correspondente a este último artigo, segundo a qual se presume as partes terem celebrado um contrato de trabalho quando se verificarem, cumulativamente, todos os indícios enunciados nas diversas alíneas do mesmo preceito.

[60] Por subordinação jurídica denomina-se a *"relação de dependência necessária da conduta pessoal do trabalhador na execução do contrato face às ordens, regras ou orientações da entidade empregadora, dentro dos limites do mesmo contrato e das normas que o regem"* – Cfr., entre outros, MONTEIRO FERNANDES, *Direito...*, cit., pp. 131 ss.; ROMANO MARTINEZ, *Direito...*, cit., pp. 145 ss. e BERNARDO LOBO XAVIER, *Curso...*, cit., pp. 286 ss.

[61] AMAURI NASCIMENTO, *Curso...*, cit. p. 602.

46   A Transmissão da Empresa à Luz da Lei do Trabalho Moçambicana

Significa que, na relação laboral, tem-se em vista a protecção jurídica do trabalhador enquanto pessoa física. Logo, é a esse ser humano que deve ser garantida protecção em caso de cessão da posição contratual do empregador subjacente à transmissão do estabelecimento.

Existem diferentes posições doutrinárias sobre a natureza jurídica da relação que, no trabalho subordinado, se estatui entre o empregador e o trabalhador. Predominam, nesta matéria, duas teorias: a contratualista e a incorporacionista[62]. À parte as discussões inconclusivas em redor de tais teses, podemos antecipar o entendimento de que, em termos jurídicos, não existe uma total autonomia entre o contrato de trabalho e a situação jurídica de trabalho. Na verdade, como diz MONTEIRO FERNANDES[63], "não se discute, entre nós, em face do direito positivo, que o contrato individual de trabalho é facto gerador da própria relação jurídica do trabalho". Por isso, sufragando ROMANO MARTINEZ[64], diríamos que "para se estar perante uma situação jurídica laboral é necessário que a actividade seja desenvolvida de forma subordinada". Não há contrato de trabalho se o trabalhador desempenhar a actividade com autonomia. O contrato de trabalho é, assim, a fonte criadora da situação jurídica de trabalho, mas não a única, como já elucidámos.

Na relação de trabalho, o trabalhador não se confronta com a empresa (em sentido objectivo), mas com o empresário. Um empresário pode não ser empregador. De igual modo, o empregador pode não ser empresário. Certo é que o empresário, enquanto gestor de certa unidade económica, torna-se empregador, por celebrar contratos de trabalho ou por estreitar relações jurídico-laborais com trabalhadores (art. 5, n.º 2). Por esta via, o empregador passa a assegurar a disponibilidade da força de trabalho dos trabalhadores integrados na empresa que gere. Na acepção comercial, o empresário designa "quem exerce profissionalmente uma actividade económica organizada para a produção e circulação de bens ou serviços". Não encontramos qualquer fundamento jurídico para um entendimento diverso, quanto a este conceito, no quadro do Direito do Trabalho.

---

[62] A maioria dos autores considera que a *posição eclética* não é mais do que a fusão das outras duas teorias.

[63] MONTEIRO FERNANDES, *Noções fundamentais de direito do trabalho*, Coimbra, Almedina, 1976, p. 60

[64] ROMANO MARTINEZ, *Direito…*, cit., p. 145.

Capítulo I 47

A natureza da relação laboral variará consoante esta se desenvolva *dentro* ou *fora* da empresa. À luz da lei moçambicana, bem como de muita legislação estrangeira, o regime jurídico do trabalho assenta no pressuposto de o empregador ser uma empresa. Quer dizer: em regra, a situação jurídica de trabalho desenvolve-se no seio da organização empresarial. É, pois, neste contexto, que julgamos dever enquadrar-se a determinação do conceito de empresa ou estabelecimento, constante do art. 26, na perspectiva do direito nacional.

O estudo do regime jurídico da transmissão de empresas ou estabelecimentos, em Moçambique, passa por uma análise do processo de intervenção do Estado na economia e da reestruturação do sector empresarial do Estado, no quadro da transição político-económica operada em Moçambique, no final da década de 80 – o PRES – Programa de Reabilitação Económica e Social.

O processo de intervenção do Estado na economia[65] tinha como principal objectivo, como decorre do preâmbulo do Decreto-Lei n.° 16/75, de 13 de Fevereiro[66], "possibilitar a intervenção do Estado em ordem a dinamizar a actividade económica ou a impedir que essa actividade [fosse] deliberadamente prejudicada (…)". Para o efeito, e nos termos do Decreto-Lei n.° 16/75, sempre que as empresas, singulares ou colectivas, não funcionassem de modo a contribuir para o desenvolvimento económico do país, e para a satisfação dos interesses colectivos, ficavam sujeitas à intervenção do Governo de Transição.

---

[65] A lei denomina-o de processo de *descolonização* ou de *reconstrução nacional* – veja-se o preâmbulo do Decreto-Lei n.° 16/75, de 13 de Fevereiro – que associa o processo à necessidade de tomar medidas urgentes *"susceptíveis de garantirem a paz social e progresso económico que se pretende para o País"*.

[66] Diploma legal que regula a intervenção estatal/nacionalização de *"empresas, estabelecimentos, instalações (…) revertidos, apropriados ou transferidos para o Estado"* (cfr. o preâmbulo do Dec. n.° 21/89, de 23 de Maio). O sublinhado é nosso.

Trata-se de *reversão, apropriação* ou *transferência*, em suma, de *nacionalização* a favor do Estado de determinados bens (v.g.: empresas, estabelecimentos, instalações) abandonados pelos seus proprietários por mais de noventa dias (e não só). Posteriormente, o Decreto-Lei n.° 18/77, de 28 de Abril, veio estabelecer um regime de reversão para o Estado de quotas e outros direitos emergentes de diferentes tipos de sociedades (algumas delas já nacionalizadas). Mais tarde, a Lei n.° 3/91, de 9 de Janeiro, determinaria os critérios de reversão a favor do Estado de "bens ou valores de qualquer espécie depositados ou guardados em instituições de crédito ou similares".

48 A Transmissão da Empresa à Luz da Lei do Trabalho Moçambicana

O regime jurídico da intervenção do Estado na gestão de empresas privadas obtém-se do confronto entre o Decreto-Lei n.º 16/75 e a Lei n.º 13/91, de 3 de Agosto[67]. Da leitura e interpretação destes diplomas, depreende-se que a intervenção do Estado na gestão de empresas privadas só podia ter lugar em situações exigidas por ponderosas razões de interesse público também consagradas na Constituição. Assim, nos termos do art. 1.º do DL 16/75, apenas são susceptíveis de intervenção *"as empresas, singulares ou colectivas, que não funcionem em termos de contribuir, normalmente, para o desenvolvimento económico de Moçambique e para a satisfação do interesse colectivo"*. E no n.º 3 deste mesmo preceito, estavam elencadas, de forma exemplificativa, as situações que constituíam indício de a empresa privada não estar a contribuir para o desenvolvimento económico do país e para a satisfação do interesse colectivo.

Após um processo de inquérito, caso se confirmassem os indícios, era então decidida a intervenção do Estado naquela empresa, a qual poderia assumir diversas modalidades. Assim surgiram as *empresas intervencionadas*: que são empresas públicas integradas no sector empresarial do Estado ou privadas. O facto de a sua gestão ser pública não afecta a sua própria titularidade e, portanto, a sua natureza jurídica de empresa privada. Aliás, facilmente também se chega a esta conclusão se considerarmos a forma de cessação da intervenção do Estado nessas empresas. Podiam cessar de duas formas: ou retornando à gestão dos agentes económicos privados (*reprivatização*), ou sendo integradas no sector empresarial do Estado, verificando-se as condições do art. 1.º da Lei 13/91 (*nacionalização ou estatização*). No primeiro caso teremos empresas *reprivatizadas* e no segundo, empresas *nacionaizadas* (subdividindo-se estas em *estatais* – EE e *públicas* – EP).

As empresas *intervencionadas, nacionalizadas* (*empresas estatais* (E.E.) e as *empresas públicas* (E.P.) constituíam o sector empresarial do Estado. Este, de acordo com o art. 2, al. a) da Lei n.º 15/91, de 3 de Agosto[68], é constituído pelo *"conjunto das empresas públicas e estatais,*

---

[67] *"Determina que as empresas em relação às quais o Estado intervencionou, nos termos e para os efeitos do Decreto-Lei n.º 16/75, de 13 de Fevereiro, poderão ser objecto das transformações previstas no artigo 2 da presente Lei"*. A Lei n.º 13/91, de 3.8, revoga através do art. 9.º o Decreto-Lei 18/77, de 28 de Abril, que tem um interesse histórico pois previa a transformação das empresas intervencionadas em empresas estatais.

[68] Diploma legal que estabelece normas sobre a reestruturação, transformação e redimensionamento do sector empresarial do Estado, incluindo a privatização e alie-

as sociedades comerciais cujo capital pertença exclusivamente ao Estado e ou a outras pessoas colectivas de direito público, as empresas, estabelecimentos e instalações cuja propriedade tenha revertido para o Estado". Trata-se de uma definição específica, como, aliás, explicita o próprio artigo: "para efeitos da presente lei".

Apesar de referir-se a empresas, estabelecimentos e instalações, o diploma não diz o que são. No entanto, se considerarmos que a reversão a que o preceito alude, na sua parte final, se deu no quadro do Decreto-Lei n.º 16/75, podemos lançar mão à noção de empresa aí utilizada. Para os efeitos específicos deste diploma, *"consideram-se empresas as unidades produtoras de bens ou fornecedoras de serviços, designadamente aquelas que possuam equipamentos clínicos, científicos de cálculo, de medida ou outros"* (art. 1, n.º 2). À parte a estranha formulação do preceito, fica claro que o termo empresa é aqui empregue em sentido amplo, por forma a abranger todas as unidades produtoras de bens e serviços. O que é patentemente elucidado pela enumeração exemplificativa usada pelo legislador.

O art. 1, n.º 1 da Lei n.º 2/81, de 10 de Setembro[69], define as E.E. como *"unidades sócio-económicas, propriedade do Estado que as cria, dirige e afecta os recursos materiais, financeiros e humanos adequados à aplicação do seu processo de reprodução no cumprimento do plano, no sentido de consolidar e aumentar um sector estatal que domine e determine a economia nacional".* As E.E deveriam constituir o impulsionador do desenvolvimento da economia nacional, assumir a responsabilidade prioritária de materializar os objectivos definidos pelo Estado para cada um dos sectores ou ramos de actividade. Por razões diversas, não lograram alcançar esse tão almejado objectivo. Cedo, o sector empresarial do Estado revelou-se de fraca produtividade, isto apesar das múltiplas injecções de capital de que beneficiou por parte da banca estatizada (e não só), tendo culminado com um significativo endividamento. O Estado decidiu, então, privatizar o sector empresarial do Estado, acto que decorreu em duas fases. Na primeira, sem obedecer a qualquer regime jurídico; na segunda, seguindo um regime jurídico próprio e flexível[70]. As razões da privatização

---

nação a título oneroso de empresas, estabelecimentos, instalações e participações sociais de propriedade do Estado.

[69] Lei das Empresas Estatais – que estabelece as regras de organização e funcionamento das empresas estatais.

[70] É o que se depreende da leitura do preâmbulo do Decreto n.º 21/89, de 23 de Maio, alterado pelo Decreto n.º 10/97, de 6 de Maio. Este diploma regula a alienação,

do sector empresarial do Estado eram mais do que muitas. Umas, de ordem ideológica ou política; outras, de natureza económica ou financeira, de onde se destaca, obviamente, a transmissão de empresas, estabelecimentos e instalações, através da sua privatização.

As E.P. são definidas como "pessoas colectivas de direito público, de tipo institucional e substrato empresarial, criadas pelo Estado, com capitais próprios ou fornecidos por outras entidades públicas, [que] realizam a sua actividade no quadro dos objectivos sócio-económicos do mesmo" (art. 1 da Lei n.º 17/91, de 3 de Agosto[71]). Por força do PRES, o regime jurídico aplicável às empresas estatais, estabelecido pela Lei n.º 2/81, de 30 de Setembro, demonstrou que as regras de organização e funcionamento das E.E. estavam ultrapassadas, pelo que havia necessidade de se introduzirem "novos mecanismos jurídicos, no sentido de garantir uma cada vez maior eficiência e rentabilidade do sector empresarial público".

Em suma, o conceito de empresa ou estabelecimento, na lei laboral moçambicana, tem de ser necessariamente amplo, por forma a acomodar esta panóplia de "entes" criados pelo Estado no quadro das nacionalizações, da reestruturação do sector empresarial do Estado e da (re)privatização de empresas. A empresa designa "toda a organização de recursos humanos e materiais, com vista à prossecução de uma actividade produtiva". Este conceito não tem de coincidir com a acepção comercial de empresa. A sua constituição nem sempre obedeceu à forma e formalidades legais prescritas[72]. Pelo que os termos ou expressões empresa, estabelecimento, instalações, unidade de produção, entre outros, concretizam, na nossa lei, realidades mais amplas do que a unidade económica, atento o circunstancialismo político, social e económico em que a transmissão de empresas se desenvolveu em Moçambique.

---

a título oneroso, de empresas, estabelecimentos, instalações, quotas e outras formas de participação financeira da propriedade do Estado.

[71] Lei das Empresas Públicas – que fixa o regime jurídico aplicável às empresas públicas.

[72] Algumas das EE foram criadas, transmitidas ou extintas por meros despachos administrativos.

4.4. *Posição adoptada*

A empresa, estabelecimento ou parte do estabelecimento, nas relações laborais, é um conceito muito versátil. Correspondendo a uma realidade complexa e heterogénea, abrange inúmeros bens e da mais diversificada natureza; elementos corpóreos e incorpóreos. Graças a essa sua abrangência, no conceito de empresa podem integrar-se múltiplas realidades sociais e económicas que lhe estão subjacentes.

Podemos igualmente afirmar, sem receio de errar, que não existe um conceito jurídico unitário de empresa, estabelecimento ou parte do estabelecimento. Nem um conceito uniformemente aceite. Perante tal facto, o legislador laboral tem de, recorrentemente, basear-se na noção económica ou comercial de empresa para criar a acepção jurídica de empresa. Esta, no plano das relações laborais, constitui, ao mesmo tempo, o sujeito e objecto de direitos, mas, principalmente, uma "organização de pessoas". Na verdade, a empresa, mesmo na acepção laboral, agrega recursos, materiais e humanos, destinados ao exercício de uma actividade económica de produção e circulação de bens ou serviços.

Convém, no entanto, referir que o conceito de empresa, estabelecimento ou parte do estabelecimento possui contornos jurídicos difíceis de definir. Esse facto, na prática, pode suscitar situações de ambiguidade legal com efeitos nefastos para o trabalhador, sobretudo, no caso da transmissão do seu contrato de trabalho de um empregador para outro. Recorde-se que as partes, por vezes, recorrem à transmissão da empresa, para se furtarem ao dever de indemnizar o trabalhador, cometendo, dessa forma, fraude à lei.

Consideramos, ainda, que qualquer definição de empresa, estabelecimento ou parte do estabelecimento, sempre se revela redutora, perante a complexidade e a variedade das realidades que pretende qualificar. Como tal, o entendimento do TJCE, nesta matéria, parece-nos o mais ajustado de acolher, porque, não havendo uma noção jurídica unitária de empresa, o sentido lato constante da Directiva (2001/23/CE) permite ajustar criteriosamente o conceito a cada situação em concreto. A empresa como uma unidade económica que mantém a sua identidade apesar da mudança do seu titular.

5. Noção de transmissão da empresa, estabelecimento e parte do estabelecimento

5.1. *Generalidades*

O legislador – no art. 26 – emprega as expressões "transmissão da empresa ou do estabelecimento" (na epígrafe e no n.° 2) e "mudança de titularidade de uma empresa ou estabelecimento" (no n.° 1), para as quais não apresenta qualquer definição.

Na tentativa da sua interpretação, a doutrina e a jurisprudência são unânimes em considerar que as duas expressões, no preceito em análise, foram utilizadas em sentido amplo. Significa que uma e outra designam, *grosso modo*, toda e qualquer passagem de uma unidade económica, por qualquer título, de um sujeito para outro. Assim, independentemente de a transferência ser feita por vínculo contratual, título válido, ou não, desde que haja mudança de titularidade do estabelecimento, há transmissão. Segundo a jurisprudência mais recente, impõe-se, todavia, que a unidade económica transmitida conserve a sua identidade. Propósito esse que se alcança se o adquirente receber uma unidade económica com autonomia e aptidão para desenvolver uma actividade produtiva.

Constitui, por isso, nossa convicção que, com a utilização da expressão "mudança de titularidade", o legislador moçambicano abrange toda e qualquer forma de transmissão da empresa do transmitente para o transmissário. Aí englobando-se inúmeras situações jurídicas, por via das quais se pode concretizar a alteração subjectiva do empregador, na relação jurídica de trabalho. São, entre outras: o trespasse, a transmissão decorrente da venda judicial, a transmissão *mortis causa*, a mudança de titularidade da empresa resultante da fusão ou da cisão de sociedades, a nacionalização, a cessão e a reversão da exploração de uma unidade económica.

Na ordem jurídica portuguesa, no período anterior à vigência do Código do Trabalho, uma parte significativa da jurisprudência, interpretando o art. 37.° LCT, considerava não haver transmissão do estabelecimento nos casos de mera cessão ou de reversão da sua exploração. O argumento predominante era o de que faltava, em tais situações, uma relação contratual directa entre o cedente e o cessionário ou entre os sucessivos locatários. Em sentido diverso, autores como VASCO LOBO

XAVIER[73], ainda na vigência do sobredito dispositivo legal, já defendiam, a nosso ver, com razão, que "(...) o facto de não existir uma ligação directa entre os sucessivos locatários não obsta a que se verifique, no plano dos factos e também no jurídico, uma verdadeira continuidade do estabelecimento, mesmo que o meio jurídico através do qual se processa a alteração do respectivo titular não seja qualificável como uma verdadeira transmissão". Esta solução coincide com a que, mais tarde, veio a ser adoptada pelo Tribunal de Justiça ao fixar o sentido de transmissão ("transferência"), no direito comunitário, como a seguir melhor se tentará explicitar.

5.2. *Na perspectiva do direito comparado*

A noção de transmissão da empresa ou estabelecimento tem vindo a ser interpretada com muita flexibilidade pelo TJCE. A jurisprudência deste órgão comunitário é no sentido de se consagrar um conceito amplo de transmissão, ao qual subjaz a ideia de garantir a protecção ou manutenção dos direitos dos trabalhadores, em caso de transmissão ou de cessão da exploração do estabelecimento onde prestam serviço.

O art. 1.º, n.º 1, al. a) da Directiva (77/187/CEE) limitava-se a determinar o âmbito desta, dizendo ser "aplicável às transferências de empresas, estabelecimentos ou partes de estabelecimentos que resultem de uma cessão convencional ou de fusão que impliquem mudança de empresário". Não continha qualquer noção de transmissão, pese embora deixasse transparecer a ideia de que a transmissão se tinha de operar no quadro de uma *"cessão convencional"* ou *"fusão"* (cfr. a *parte final* do artigo). Dito de outro modo: parecia que a transmissão, nos precisos termos da Directiva, só poderia realizar-se no quadro de uma relação contratual. O TJCE, porém, viria a dar uma interpretação diversa – assunto que retomaremos adiante ao falar da forma da transmissão.

A noção de transmissão da empresa surge, pela primeira vez, na Directiva (98/50/CE), cujo art. 1.º, n.º 1, al. b), diz que *"é considerada transferência, na acepção da presente directiva, a transferência de uma entidade económica que mantém a sua identidade, entendida como um*

---

[73] VASCO LOBO XAVIER, *"Substituição da empresa fornecedora de refeições e situação jurídica do pessoal utilizado no local: inaplicabilidade do art. 37.º LCT (parecer)"*, *RDES*, Julho/Setembro, 1986, n.º III, pp. 446-467.

54 A Transmissão da Empresa à Luz da Lei do Trabalho Moçambicana

conjunto de meios organizados, com o objectivo de prosseguir uma actividade económica, seja ela essencial ou acessória"[74]. Trata-se, ainda assim, de um conceito indeterminado, isto é, sem uma delimitação rigorosa. Por isso, o Tribunal de Justiça estabeleceu um critério essencial para determinar quando é que, numa situação concreta, existe "transferência" (transmissão) de uma unidade económica, na acepção da Directiva. Tal método consiste em aferir se, depois da transmissão, a unidade económica transmitida mantém (ou não) a sua identidade.

Como é que a manutenção de identidade de uma unidade económica pode influir na fixação do conceito de transmissão?

A Directiva não esclarece. Em todo o caso, há quem sustentasse que a concretização dessa ideia dependia da determinação, em primeiro lugar, sobre se, na acepção da Directiva, teria havido ou não uma transferência. Em segundo lugar, se essa transferência teria como objecto uma unidade económica. E, em terceiro e último lugar, se essa unidade económica manteve ou não a sua identidade, depois de ter sido transmitida. Tal não foi, porém, o procedimento adoptado pelo TJCE. Este organismo optou por um critério flexível, mais material do que formal, baseado num conceito de transmissão muito lato. Com efeito, no entendimento do Tribunal de Justiça, para haver transmissão do estabelecimento, basta que haja a aquisição (*lato sensu*) pelo cessionário de uma unidade económica apta a desenvolver a sua actividade ou uma actividade similar e que mantenha a sua identidade, após a transmissão.

Para melhor explicitação deste conceito, diríamos que se impõe a verificação, em função das circunstâncias do caso concreto, de uma situação em que o adquirente toma a exploração de uma empresa ou estabelecimento que estava e continua em actividade[75]. Com base neste entendimento, uma parte da doutrina considera imprescindível, para haver transmissão, que ocorra simultaneamente uma alteração subjectiva, do lado do empregador. Parece-nos uma consequência lógica da própria ideia da sub-rogação legal no contrato de trabalho.

---

[74] E, através de uma delimitação negativa, o legislador consagra no art. 1.º, n.º 1, al. c) da mesma Directiva, que não constituem transferência, na acepção desta, "*(…) a reorganização administrativa de instituições oficiais ou a transferência de funções administrativas entre instituições oficiais*".

[75] MÁRIO PINTO/FURTADO MARTINS/NUNES DE CARVALHO, *Comentário às leis do trabalho*, vol. I, Lex, Lisboa, 1994, p. 177.

Prosseguir com a mesma actividade, para os efeitos da Directiva, significa continuar a prestar uma actividade idêntica ou similar. Destarte, diz-se que a unidade económica mantém a mesma identidade se, depois da transmissão, o cessionário realizar a actividade até então desenvolvida pelo cedente ou uma análoga. Em suma, o que importa é que a empresa, não obstante a mudança do seu titular, se mantenha em funcionamento. Estamos, pois, perante um conceito muito amplo de transmissão que permite abranger todos os casos de modificação da titularidade do estabelecimento. De todo o modo, a "reorganização administrativa de instituições oficiais ou a transferência de funções administrativas, entre outras instituições oficiais, não constituem uma transferência na acepção da presente directiva" – al. c) do n.º 1 do art. 1.º, *in fine*, da Directiva (2001/23/CE).

A manutenção de identidade da empresa constitui, assim, a condição e a garantia da prossecução do fim protector da Directiva. Tal escopo retira-se facilmente do texto do segundo considerando da Directiva, segundo o qual é "necessário adoptar disposições para proteger os trabalhadores em caso de mudança de empresário especialmente para assegurar a manutenção dos seus direitos". Como determinar, no caso concreto, se há (ou não) "mudança de empresário"? Se a empresa se mantém (ou não) *idêntica*, nos termos acima explicitados?

Se, em relação à primeira questão, a solução parece ser óbvia; quanto à segunda, já não. Na verdade, a determinação da (in)existência da manutenção de identidade de uma unidade económica passa por uma ponderação casuística de múltiplos critérios, e por um processo de sua valoração, bastante complexo, que, normalmente, impõe a sua apreciação seja global[76].

Na sua já vasta jurisprudência nesta matéria, o TJCE tem vindo a aplicar certos critérios considerados relevantes para aferir a subsistência da identidade de uma unidade económica, na sequência da sua transmissão de um titular para outro. Sendo de destacar, entre outros: o tipo de empresa, a manutenção dos efectivos ou de parte essencial dos mesmos, o grau de semelhança entre a actividade desenvolvida antes e depois da transferência, a transmissão (ou não) dos activos, a continuidade da clientela, a estabilidade e o funcionamento do estabelecimento. Estes factores

---

[76] Refira-se que, no direito comunitário, compete aos tribunais dos Estados-Membros determinar com base nesses elementos, caso a caso, se há ou não transmissão ou transferência de uma unidade económica.

56 A Transmissão da Empresa à Luz da Lei do Trabalho Moçambicana

devem, ser apreciados de forma global; não isoladamente. Significa que a sua análise deve fazer-se considerando-os como parte integrante de um todo, sem, contudo, descurar o contexto em que são aplicados. Daí que, por exemplo, em empresas de prestação de serviços, cuja actividade assente essencialmente na utilização da mão-de-obra, é jurisprudência do Tribunal de Justiça que "um conjunto organizado de trabalhadores que são especial e duradouramente afectos a uma tarefa comum pode, na ausência de outros factores de produção, corresponder a uma entidade económica"[77].

Podemos, então, concluir que a Directiva (2001/23/CE), na esteira do que já estabelecia a anterior (98/50/CE), consagra uma noção ampla de transmissão. Nela englobando-se todas as situações em que a titularidade da empresa ou estabelecimento se transfere de um sujeito para outro. No entanto, a falta de uma delimitação rigorosa do conceito de transmissão suscita um sem número de dúvidas, designadamente quanto à aplicação dos critérios supra indicados, bem como quanto à exigência (ou não) de algum tipo negocial para a concretização da transmissão. Esta última inquietação é, aliás, reforçada pelo facto de o art. 1.º, n.º 1, al. a) da Directiva (2001/23/CE)[78] preconizar, como já o faziam as duas anteriores Directivas sobre a matéria, que a transferência deve resultar de uma "cessão convencional" ou de uma "fusão".

De onde advém a dúvida sobre se para haver transmissão, na acepção da Directiva, exige-se um vínculo contratual entre o cedente e o cessionário. E mais: se integram esse conceito de transmissão as situações de sucessão de locatários, de mera cessão ou os de reversão da exploração de uma unidade económica. O Tribunal de Justiça tem estado a solucionar tais dúvidas, através de posições que, de forma reiterada, vem assumindo nos diversos casos em que é chamado a intervir.

Assim procedeu, por exemplo, no *Caso Ayse Süzen*[79]. Neste litígio, o TJCE explicitou que, para se aplicar a Directiva, não é necessário que existam relações contratuais directas entre o cedente e o cessionário.

---

[77] JÚLIO GOMES, *A jurisprudência recente...*, cit., p.484.

[78] *"A presente directiva é aplicável à transferência para outra entidade patronal de uma empresa, estabelecimento ou parte de empresa ou estabelecimento, quer essa transferência resulte de uma cessão convencional quer de uma fusão"*. O sublinhado é nosso.

[79] Proc. C-13/95, *"Colectânea de Jurisprudência ..."*, Parte I, Tribunal de Justiça, 1997, pp. 1261 ss.

Capítulo I 57

E mais a frente fundamenta assim: "já que a cedência pode também efectuar-se em duas fases, por intermédio de um terceiro, como o proprietário ou o locador". Portanto, de acordo com aquele órgão jurisdicional, basta verificar-se a aquisição (*lato sensu*) pelo cessionário de uma unidade económica apta a desenvolver a sua actividade ou actividades similares, de forma estável e duradoura, impondo-se apenas a manutenção da sua identidade[80]. Portanto, não constitui condição *sine qua non*, para haver transmissão da empresa, a celebração de um vínculo contratual entre o cedente e o adquirente da unidade económica.

No mesmo sentido, ainda que com outros contornos, o TJCE também teve idêntico pronunciamento no *Caso Stichting*[81]. Os factos nesta situação eram os seguintes: O "Dr. Sophie Redmond Stichting" era uma fundação constituída nos termos da lei neerlandesa, cujo objectivo era ajudar os toxicómanos e alcoólicos pertencentes a determinados grupos minoritários da população dos Países Baixos. A fundação proporcionava ainda o encontro e a recreação dessas pessoas. A prestação do seu serviço dependia tão-só dos subsídios atribuídos pela comuna de Groningen, onde aquela fundação se encontrava instalada.

A partir de 1 de Janeiro de 1991, a comuna retirou àquela fundação a subvenção que lhe concedia, e atribuiu-a a uma outra fundação – a Sigma. Esta exercia as suas actividades no domínio da ajuda aos toxicómanos em geral, pelo que iria, desde então, alargá-la também aos grupos sociais minoritários antes assistidos pela Stichting. À Sigma foi também cedido, em arrendamento, o edifício utilizado pela Stichting. Desde essa data, a Stichting cessou todas as suas actividades. Alguns dos seus trabalhadores foram contratados posteriormente pela Sigma. E quanto aos restantes trabalhadores, iniciou-se o procedimento judicial previsto na lei neerlandesa para o seu despedimento justificado pela alteração de circunstâncias atinentes à entidade empregadora, que se traduzem no desaparecimento da subvenção comunal e na transferência da sua actividade e estabelecimento para a Sigma[82].

---

[80] Neste sentido o Ac. do TJCE, de 14 de Abril de 1994, Proc. C-392/92 – *Caso Christel Schimdt*, anteriormente sumariado.

[81] Proc. C-29/91 *"Colectânea de Jurisprudência do Tribunal de Justiça ..."*, 1992, pp. 3189 e ss.

[82] MANUEL BAPTISTA, *"A jurisprudência do Tribunal de ..."*, cit., p. 98.

58   A Transmissão da Empresa à Luz da Lei do Trabalho Moçambicana

Neste processo, o Tribunal de Justiça teve de se pronunciar, entre outras matérias, sobre a possível aplicação da Directiva (77/187/CEE), considerando que, no presente litígio, não tinha havido qualquer convenção entre a Stichting e a Sigma. Pretendia-se assim saber se, nesta situação, apesar de não ter existido qualquer "cessão convencional", na acepção da Directiva, teria havido transmissão do estabelecimento. Em última análise, pretendia-se saber se, neste caso, este manteve a identidade de fundação, depois da "transferência" operada.

De acordo com a jurisprudência do TJCE, a noção de empresa tem de ser interpretada no sentido que melhor sirva os objectivos de protecção e manutenção dos direitos dos trabalhadores. Por consequência, estando em causa a protecção dos trabalhadores da fundação Stichting, a unidade transferida tinha de ser tida como uma *empresa* (uma unidade económica), na acepção da Directiva, e de acordo com a sobredita jurisprudência.

E quanto à possibilidade de ter havido (ou não) transmissão da *empresa*. Cumpria decidir se, nos termos do art. 1.º, n.º 1, al. a) da Directiva, apesar da inexistência de uma relação contratual ajustada entre a Stichting e a Sigma, teria havido transmissão de empresa ou estabelecimento. O Tribunal de Justiça optou por uma interpretação não literal da expressão "*cessão convencional*". O fundamento que alegou para esse facto foi o da existência de divergências nas versões linguísticas dos vários direitos nacionais dos Estados-Membros, em relação ao sentido da referida expressão. Pelo que havia que interpretá-la de forma flexível, procurando obter-se dela o melhor efeito útil, por forma a proteger os trabalhadores, no caso de transmissão da empresa onde prestam serviço.

O Tribunal de Justiça concluiu ser essa a situação que se verificava no caso *sub judice*. Na verdade, a decisão de retirar a subvenção à Stichting passando-a para a Sigma, teve como efeito a cessação de actividades da primeira, tendo esta, no essencial, sido assumida e prosseguida pela segunda. Além disso, a Sigma recebeu o edifício onde funcionava a Stichting e contratou alguns dos trabalhadores desta fundação (sendo irrelevante, no entendimento do Tribunal de Justiça, como referimos anteriormente, o facto de parte dos trabalhadores da Stichting não ter sido contratada pela Sigma). Como tal, analisadas as circunstâncias de facto, não restam dúvidas quanto à verificação dos elementos que permitem concluir que, neste caso, houve transmissão. A transmissão do estabelecimento deu-se como resultado de uma decisão da comuna, no âmbito da alteração da sua política de concessão de subvenções. No essencial, foi

Capítulo I 59

decisivo para se considerar a existência da transferência de estabelecimento, na acepção da Directiva, designadamente a prossecução pela Sigma da actividade principal desenvolvida pela Stichting. Ou seja, existe uma *identidade* da actividade prestada antes e depois da transmissão pelas duas fundações. A readmissão pela primeira de uma parte dos efectivos da segunda, bem assim a transferência efectiva de alguns bens corpóreos (por exemplo, o edifício) da Stichting para a Sigma, constituem outros indícios da transmissão. De facto, para a jurisprudência do Tribunal de Justiça basta que a cessão se realize "num quadro de relações contratuais" que garantam a continuidade da actividade. Em jeito de conclusão, diríamos que tanto a expressão "cessão convencional", como o termo "fusão", não devem ser interpretados à letra, nem tomados no seu sentido restrito.

Resolvida a questão relativa à exigibilidade ou não da "cessão convencional", o TJCE teve de pronunciar-se igualmente sobre a relevância do intervalo de tempo entre o termo da actividade da Stichting e a sua retomada pela Sigma. O Tribunal de Justiça não considerou relevante para a inadmissibildade da existência de transmissão da unidade económica, na acepção da Directiva, o facto de ter havido um hiato temporal entre o termo da actividade por uma e o reinício da actividade pela outra. Efectivamente, o facto de a transmissão do estabelecimento se ter processado em duas fases, não afecta a sua verificação, na acepção da Directiva, desde que aquela unidade tenha mantido a sua identidade. Para o efeito, releva apenas a disponibilidade das instalações e dos trabalhadores, para a prestação da actividade ao adquirente. Basta, para tal, que a unidade económica transmitida, ainda que mediada por uma paralisação ou interrupção temporária, continue a ser explorada pelo cessionário. Foi assim que o TJCE também decidiu no *Caso* Daddy's Dance Hall[83].

No caso Daddy's Dance Hall, um bar-restaurante foi sucessivamente locado pelo seu proprietário às empresas "Irma Catering" e "Daddy's Dance Hall". Na sequência da cessação do contrato de locação celebrado pelo proprietário do bar-restaurante com a "Irma Catering", um trabalhador desta empresa foi despedido tendo sido, posteriormente, admitido nas mesmas funções pelo novo locatário "Daddy's Dance Hall"[84]. Importa referir que, a anteceder o início de actividade da nova cessionária, o bar-

---

[83] Proc. 324/86, *"Colectânea de Jurisprudência do Tribunal de Justiça..."*, 1988, p. 739.

[84] JOANA SIMÃO, *"A transmissão de estabelecimento ..."*, cit., p. 209.

60 A Transmissão da Empresa à Luz da Lei do Trabalho Moçambicana

retaurante teve um período de interrupção de actividade. Apesar disso, neste como noutros casos (*Ac. Spijkers*[85] e *Ac. P. Bork International*[86]), o Tribunal de Justiça não considerou relevante, para afastar a admissibilidade da existência de transmissão da empresa, a ocorrência de um encerramento temporário da actividade ou o facto de a transferência ter-se operado em duas fases. Tendo em conta os seus objectivos, o TJCE defendeu a aplicação da Directiva, neste e noutros casos similares, porque como se afirma no acórdão *Daddy's Dance Hall*: "*quando a empresa é primeiro transferida do locatário inicial para o proprietário que a transfere, numa segunda fase, para o novo locatário (...), os trabalhadores estão numa situação idêntica à decorrente de uma transferência directa, tendo pois, direito a uma protecção equivalente*".

A jurisprudência do Tribunal de Justiça é, pois, no sentido de que a transmissão não se restringe aos casos de transferência directa. Importa é que ela se opere num quadro de relações contratuais de trabalho, competindo ao direito nacional de cada Estado-Membro definir o que deve entender-se por contrato de trabalho ou relação de trabalho, para efeitos da Directiva (art. 2, n.° 2)[87].

Na ordem jurídica portuguesa, o art. 318.°, n.° 1 CT, na esteira do que já acontecia no direito anterior (37.°, n.° 1 LCT), também não determina o que seja a "transmissão da empresa ou estabelecimento". Não obstante, actualmente, constitui entendimento pacífico a ideia de que o texto legal utiliza o termo transmissão em sentido lato, referindo-se à toda a passagem de uma unidade económica onde o trabalhador presta a sua actividade, da esfera jurídica de um empregador (transmitente) para outro (transmissário). Interpretação esta que é, por sinal, reforçada pela referência, no n.° 1 do art. 318.° CT, de que a transmissão se pode dar *"por qualquer título"*[88].

---

[85] Proc. 24/85, *"Colectânea de Jurisprudência do Tribunal de Justiça..."*, 1986, p. 1119, no qual, apesar de não ter havido transferência de clientela e de aviamento, e de o estabelecimento ter estado encerrado por cerca de dois meses, após a transmissão, o TJCE considerou ter havido transferência do estabelecimento.

[86] Acórdão referido e sumariado anteriormente.

[87] *"A presente directiva não afecta o direito nacional no que se refere à definição de contrato de trabalho ou de relação de trabalho"*. Para os efeitos do presente trabalho, acolhemos a noção de contrato de trabalho constante do art. 5, n.° 1.

[88] Admitindo idêntica interpretação, veja-se o Ac. STJ, de 27.05.2004, consultado informaticamente em http://www.dgsi.pt/jstj.nsf, no dia 21.11.04, segundo o qual: *"O art. 37.° da LCT, ao explicitar que a transmissão do estabelecimento se pode operar "por qual-*

Capítulo I 61

Com o uso desta locução pretende-se consagrar um conceito amplo de transmissão, que permite, essencialmente, abranger todas as situações em que a titularidade da empresa, estabelecimento ou parte deste, se transfere de um sujeito para outro. Da leitura do anterior normativo (art. 37.° LCT) e da sua interpretação doutrinária e jurisprudencial já decorria esse entendimento. E analisando as hipóteses em que ocorre a sua aplicação, temos desde o trespasse do estabelecimento, a transmissão resultante da venda, judicial ou não, a fusão ou cisão de sociedades, até os casos de transmissão inválida ou de invalidação do negócio de transmissão[89]. Aliás, a este propósito, o n.° 4 do art. 37.° LCT estabelecia expressamente que "o disposto no presente artigo é aplicável, com as necessárias adaptações, a quaisquer actos ou factos que envolvam a transmissão da exploração do estabelecimento". Nesta óptica, tudo fazia entender que na regra do art. 37.° LCT caberiam também as situações de mera transmissão de facto[90], de sucessão de cessionários, de cessão e de reversão da exploração da empresa, estabelecimento ou da unidade económica[91].

---

quer título" (n. 1) e que o seu regime se aplica a "quaisquer actos ou factos que envolvam a transmissão da exploração do estabelecimento" (n.° 4), demonstra que se pretendeu consagrar um conceito amplo de transmissão do estabelecimento nele se englobando todas as situações em que se verifique a passagem do complexo jurídico-económico em que o trabalhador está empregado para outrem, seja a que título for".

[89] Nesse sentido, cfr. o Ac. RC, de 23.9.1999: BMJ, 489.°-409, e BMJ 491.°-348, segundo o qual *"A transmissão inválida ou a invalidação do negócio de transmissão do estabelecimento da entidade empregadora não obsta à validade dos contratos de trabalho com o transmissário relativamente ao tempo em que os mesmos foram executados".* Em sentido oposto, negando a aplicação do art. 37.° LCT a um caso de transmissão inválida, *vide* o Ac. RL, de 8.2.1995, CJ, 1995, 1.°-179: *"O art. 37.° da Lei do Contrato de Trabalho, aprovada pelo Dec.-Lei n.° 49 408, refere-se, não a toda e qualquer transmissão do estabelecimento, mas a uma transmissão que seja válida, conforme ao direito, seja qual for o título em que se baseie desde que seja legal".*

[90] Referido-se a esta situação, *vide* o Ac. RC, de 22 de Abril de 1992, CJ, 1993, 2.°, p. 80: *"Para que, nos termos e para os efeitos do art. 37.° da LCT, se verifique a transmissão de estabelecimento, basta qualquer simples transmissão de facto".*

[91] No mesmo sentido, veja-se o Ac. STJ, de 22.11.1990: AJ, 13.°/14.°-26: *"Quando o estabelecimento muda de sujeito de exploração, seja porque é transmitido para outrem, seja porque, finda uma sua primeira locação, volta para o proprietário ou passa a ser explorado por um novo locatário ("concessionário" ou "cessionário de exploração"), os contratos de trabalho mantêm-se, transmitindo-se para o respectivo adquirente a posição contratual que, desses contratos, decorre para aqueles".*

Estranhamente, a jurisprudência portuguesa dominante no período anterior à vigência do Código de Trabalho excluía da noção de transmissão parte destas situações. De acordo com o entendimento da maioria dos tribunais portugueses, nessa altura, tais casos estariam fora do âmbito do art. 37.º LCT, devido à ausência do vínculo contratual entre o transmitente e o transmissário[92]. De facto, a cessão ou a reversão de exploração de empresas ou estabelecimentos, normalmente, dá-se sem qualquer "vínculo contratual" ajustado entre cedente e cessionário, nomeadamente quando o proprietário concede a exploração através de um concurso. Precisamente em função desta situação concreta, as opiniões dividiam-se, com alguns autores a favor e outros contra a tendência jurisprudencial de então, a qual defendia, em síntese, que para haver transmissão, seja a que título fosse, era necessária a celebração entre o transmitente e o adquirente de um contrato translativo[93].

Baseando-se no critério seguido pelo Tribunal de Justiça, o legislador português, no Código do Trabalho, veio consagrar expressamente, no art. 318.º, n.º 3, a aplicabilidade do regime deste comando normativo aos casos de "transmissão, cessão ou reversão da exploração da empresa, do estabelecimento ou da unidade económica". Deste modo, ter-se-á posto um "ponto final" sobre o sentido e o alcance do n.º 4 do art. 37.º LCT, ora revogado, bem como sobre toda a celeuma gizada à sua volta. Tratou-se, ao fim e ao cabo, de consagrar a interpretação do epíteto "cessão convencional", na óptica do TJCE. Portanto, há transmissão do estabelecimento, mesmo sem vínculo contratual, sempre que ocorre a mudança do respectivo titular, qualquer que seja o título de transmissão.

Questão diversa, mas igualmente polémica, debatida na ordem jurídica portuguesa, era a de saber se, tendo um estabelecimento ficado encer-

---

[92] A este propósito, no Ac RE, de 12.3.1991: Col. Jur., 1991, 2.º-356 lê-se que *"Não se verifica transmissão de estabelecimento quando se extinguiu o contrato celebrado entre o proprietário e a empresa que o explorava, tendo o mesmo ficado encerrado, só voltando, mais tarde, a abrir mediante novo contrato de exploração entre o proprietário e a nova empresa que nada tinha a ver com a anterior"*.

[93] Para mais desenvolvimentos, *vide* FURTADO MARTINS, *"Algumas observações sobre o regime da transmissão do estabelecimento no direito do trabalho português"*, *RDES*, 2.ª Série – Ano IX (1994), n.ºs 1-2-3, pp. 357 ss.; JÚLIO GOMES, *"O conflito entre a jurisprudência nacional e a jurisprudência do TJ das CEE em matéria de transmissão do estabelecimento no direito do trabalho: o art. 37.º da LCT e a directiva 77/187/CEE"*, *RDES*, Ano XI, 1996, pp. 77 ss. e JOANA SIMÃO, *"A transmissão do estabelecimento ..."*, cit., pp. 203 ss.

Capítulo I 63

rado, temporariamente, antes de a sua actividade ser retomada por um novo empregador, haveria ou não "transmissão", para os efeitos do art. 37.º LCT.

Parte da doutrina e alguma jurisprudência portuguesas, na vigência desta norma, considerava não existir, nesse caso, transmissão do estabelecimento. O fundamento da recusa residia na falta de sucessão dos seus titulares, ou seja, na ausência de relações directas entre o cedente e o cessionário[94]. Em sentido diametralmente oposto, negando qualquer relevância à interrupção temporária na exploração da empresa, lê-se num acórdão lavrado recentemente pelo Supremo Tribunal de Justiça português: "efectivamente, a transferência poder-se-á efectuar também em duas fases, ou até por intermédio de um terceiro, importando tão-somente a conservação da identidade do estabelecimento e a prossecução da respectiva actividade"[95].

Numa perspectiva, quanto a nós, ainda mais lata da noção, ROMANO MARTINEZ[96], reportando um caso de reversão do estabelecimento do franquiado para o franqueador, explicava que: "o disposto no art. 37.º LCT ainda será válido para justificar outras situações em que, sem transmissão, alguém assume a gerência de estabelecimento de outrem, por exemplo, quando o estabelecimento do franquiado reverte para o franqueador". Por conseguinte, é irrelevante o encerramento temporário da empresa transmitida ao adquirente, o que é essencial é que o novo titular mantenha a actividade antes desenvolvida pelo cedente, ou uma actividade análoga.

Em Espanha, dispõe o art. 44, n.º 1 ET que *"El cambio de la titularidad de la empresa, centro de trabajo o de una unidad productiva autónoma de la misma, no extinguirá por sí mismo la relacion laboral, quedando el nuevo empresario subrogado en los derechos y obligaciones laborales del anterior"*. O Estatuto dos Trabalhadores consagra, pois, um conceito amplo de transmissão, acolhendo a linha jurisprudencial do TJCE, prevista na Directiva (2001/23/CE) e já transposta para a ordem

---

[94] Nesse sentido, o Ac. RL, de 19.01.1994, Colectânea de Jurisprudência, 1994, I, p. 168, em cujo sumário se lê: *"Para aplicação do disposto no art. 37.º da LCT é indispensável que não tenha havido qualquer interrupção na laboração do estabelecimento (…). Assim, provando-se que um estabelecimento que estivera encerrado, vazio de bens ou equipamento, sem qualquer laboração cerca de um ano (…) não se verifica o pressuposto da aplicação do citado art.37.º "*.

[95] Cfr. o Ac. STJ, de 27.9.2000: *BMJ*, 499.º-273.

[96] ROMANO MARTINEZ, *Direito do Trabalho*, Vol. I, 3.ª edição, Lisboa, 1998, p. 473.

64   *A Transmissão da Empresa à Luz da Lei do Trabalho Moçambicana*

jurídica espanhola. O objectivo é abarcar todas as hipóteses de mudança de titularidade da empresa, centro de trabalho ou unidade produtiva autónoma. Refira-se, aliás, que mesmo a versão do art. 44 ET, anterior à transposição, já previa expressamente a transmissão de centros de trabalho e de unidades produtivas autónomas[97], para além, certamente, da transmissão de empresas. Por isso, desde então, a jurisprudência espanhola vem afirmando que as relações de trabalho acompanham a transmissão da empresa, centro de trabalho ou unidade produtiva, mesmo quando entendidos como "serviços ou actividades parciais de uma empresa".

Segundo MONTOYA MELGAR[98], a versão actual do art. 44, n.° 2 ET refere-se à *"sucessão de empresa"* como sendo a transmissão de uma "entidade económica que mantenha a sua identidade", isto é, de "um conjunto de meios organizados" susceptíveis de levar a cabo "uma actividade económica, essencial ou acessória" (fórmula retirada da Directiva 2001/ /23). Mais adiante, o Autor acrescenta que o próprio preceito (art. 44, n.° 2 ET) explicita que o mecanismo subrogatório entra em jogo não só no caso de transmissão total da empresa, mas também no caso de "cessões de menor abrangência". E exemplifica com a hipótese da transmissão de um centro de trabalho ou de uma unidade produtiva da empresa, desde que seja susceptível de exploração estável e autónoma, que é o mesmo que dizer, "desde que conserve a sua identidade". Este entendimento enquadra-se na noção lata de transmissão a que nos temos estado a referir e, ao mesmo tempo, mostra-se condicente com a aplicação do conceito amplo de empresa, estabelecimento ou parte deste, que adoptámos.

A lei brasileira prevê que *"qualquer alteração na estrutura jurídica da empresa não afetará os direitos adquiridos por seus empregados"* (art. 10 CLT). E acrescenta que *"a mudança na propriedade ou na estrutura jurídica da empresa não afetará os contratos de trabalho dos respectivos empregados"* (art. 448 CLT). De um e de outro preceito depreende-se que a noção de transmissão da empresa é ampla (no Brasil designa-se: *sucessão de empresas*) podendo processar-se das mais variadas formas. De facto, tanto a expressão *"alteração na estrutura jurídica da empresa"*, quanto estoutra *"mudança na propriedade da empresa"* permitem abarcar

---

[97] Cfr., por todos, MONEREO PÉREZ, *La nocion de empresa en el derecho del trabajo y su cambio de titularidad – Estudio del ordenamento interno y comunitario*, Ibidem Ediciones, Madrid, 1999, pp. 69 ss.

[98] MONTOYA MELGAR, *Derecho…*, cit., p. 431.

quaisquer alterações, subjectivas e objectivas, da empresa. Mau grado, as duas expressões serem conceitos muito abrangentes, indeterminados e passíveis de interpretações díspares, certo é que a transmissão da empresa não afecta a relação de trabalho. "Seja qual for o modo como a empresa se transmite, os contratos de trabalho em vigor por ocasião dessa alteração e os direitos adquiridos pelos trabalhadores são sempre salvaguardados"[99].

AMAURI NASCIMENTO[100] considera que com aquelas expressões, o legislador deixou claro um efeito (decorrente da sucessão de empresas): "(...) a continuidade dos contratos individuais de trabalho, mas deixa em aberto uma série de situações". O Autor, em seguida, faz notar que a expressão "mudança na propriedade da empresa" é um "conceito incompleto que permite interpretações não coincidentes". Em geral, a mudança de titularidade não afecta os contratos de trabalho, mas o Autor alerta para o facto de que "a questão assume outro aspecto nos casos de mudança não na propriedade da empresa, mas de uma das suas unidades ou estabelecimentos". E argumenta dizendo que "se uma empresa vende um estabelecimento e o pessoal que neste trabalhava acompanha a mudança na propriedade, se o sucessor não tem como responder pelos contratos de trabalho e pelos créditos dos trabalhadores, fica contrariado o princípio do art. 448 CLT", pois, neste caso, serão afectados os direitos dos trabalhadores. Vai daí, conclui o Autor que "a lei brasileira é falha porque deveria, para estes casos, fixar a responsabilidade solidária entre vendedor e comprador, mas não o faz".

Após uma análise das diferentes formas por que o sucessor pode ingressar na posição contratual de empregador diz que "a legislação trabalhista, na defesa dos contratos de trabalho e visando a garantia do empregado, estabelece *o princípio da continuidade do vínculo jurídico trabalhista*". Este principio pretende realçar o facto de que, mesmo ocorrendo uma alteração subjectiva ou objectiva na empresa, por via da sucessão de empresas, tal facto não afecta os interesses dos trabalhadores envolvidos.

---

[99] MOZART VICTOR RUSSOMANO, *Comentários à CLT*, Rio de Janeiro, Forense, 1982, p. 139.

[100] AMAURI NASCIMENTO, *Curso...*, cit., pp. 684-688.

5.3. *Na perspectiva do direito interno*

O art. 26 não nos dá a noção de transmissão da empresa ou estabelecimento. Também não é suficientemente explícito quanto à forma como esta deve processar-se. Por isso, essa tarefa está reservada à doutrina e à jurisprudência, ainda que incipientes, a quem compete determinar, caso a caso, se há transmissão de empresa ou estabelecimento, bem como as formas por que esta se pode dar.

O art. 33 da Lei n.° 8/85, de 14 de Dezembro, anterior Lei do Trabalho, com a epígrafe *"trespasse do centro de trabalho"*, referia-se sucessivamente à *"mudança de titularidade"* (n.° 1), à *"transferência"* (n.° 2) e à *"transmissão"* (n.° 3) do centro de trabalho. De acordo com este diploma, o objecto a ser transmitido tinha de ser um centro de trabalho. Embora a norma não dissesse o que este era, certo é que os termos usados para a ele se referir, indicavam ser sinónimo de empresa ou estabelecimento[101], em sentido amplo. Não menos certo é que aquele texto legal também permitia entender que a forma de transmissão tinha de ser entendida igualmente em sentido muito abrangente, correspondendo, entre outras, às múltiplas alterações subjectivas da parte do empregador.

A questão está em saber em que consiste a *mudança de titularidade*, a *transferência* ou o *trespasse de um centro de trabalho*. Pode interrogar-se se, cabendo no sentido amplo de "mudança de titularidade", o trespasse, como figura do Direito Civil, segue as regras gerais do direito comum ou, antes, as regras específicas do direito laboral.

Prevalece o entendimento pacífico de que no direito laboral a transmissão de empresas segue um regime especial. Com efeito, quer no anterior art. 33, quer no actual art. 26, a mudança de titularidade da empresa não afecta "os direitos e obrigações emergentes dos contratos de trabalho e dos instrumentos de regulamentação colectiva de trabalho existentes [que] passam para a nova entidade empregadora (…)". Portanto, a lei deixa claro um efeito: o da continuidade dos contratos de trabalho e da consequente manutenção dos direitos dos trabalhadores cujos contratos se transferem de um empregador para outro. No entanto, a lei não resolve a questão do sentido a atribuir-se aos termos "trespasse", "transferência" e "mudança de titularidade", em caso de transmissão de empresas. Conve-

---

[101] A actual Lei do Trabalho, no art. 26, já não se refere ao centro de trabalho nem ao trespasse.

nhamos, desde já, que estes conceitos só podem ter sido utilizados em sentido lato, para designar qualquer uma das formas possíveis de passagem da titularidade de uma unidade económica ou produtiva. Na verdade, observando as formas por que se deu a transmissão de empresas, estabelecimentos, instalações, unidades agrícolas, cooperativas, etc, em Moçambique, parece-nos mais avisado excluir, à partida, a aplicação das regras de direito comum.

No domínio da anterior lei laboral, algumas dessas transmissões deram-se, como já dissemos, no âmbito da intervenção estatal na gestão das empresas, de que resultou, nalguns casos, a sua *reversão, apropriação, transferência, nacionalização, alienação* ou *reestruturação* do sector empresarial do Estado. Em alguns casos, a transmissão operou-se, num primeiro momento, através da reversão, apropriação, transferência ou nacionalização da empresa, onde o trabalhador prestava serviço, a favor do Estado; para, num segundo momento, a mesma empresa ser objecto de privatização, por meio do seu trespasse, alienação, venda ou cessão[102].

Relativamente à primeira etapa, dúvidas têm sido suscitadas quanto à natureza do acto pelo qual o Estado interveio na economia, se foi uma intervenção ou uma nacionalização. Com o desprimor do sentido exacto dos dois conceitos, e alheando-nos ao calor dessa discussão, no presente trabalho, vamos considerá-los como reportando-se a uma e mesma realidade: a uma forma por que se transmitiram unidades económicas do sector privado para o Estado e vice-versa

A Constituição de 1975 realçava a grande importância do Estado como produtor, como um Estado interventor. Deste modo, nela se consagrou a ideia da necessidade de edificação de uma economia independente, estruturada essencialmente no sector empresarial do Estado. Este era definido como meio impulsionador e dirigente da economia nacional. Nesse contexto, as nacionalizações eram consideradas como uma das principais medidas de democratização da sociedade e do Estado e, simultaneamente, de modificação da estrutura económica de Moçambique rumo ao socialismo.

O texto constitucional de 1990 (art. 41), porém, viria a reservar ao Estado o papel de "regulador e promotor do crescimento e desenvolvimento económico e social, visando a satisfação das necessidades básicas

---

[102] É o que se depreende da interpretação do Decreto-Lei n.º 16/75 e do Decreto n.º 21/89, anteriormente citados.

68   *A Transmissão da Empresa à Luz da Lei do Trabalho Moçambicana*

da população e a promoção do bem-estar social". No mesmo sentido, a actual Constituição de 2004 (art. 101): "O Estado promove, coordena e fiscaliza a actividade económica agindo directa ou indirectamente para a solução dos problemas fundamentais do povo e para a redução das desigualdades sociais e regionais". O Estado passou, portanto, a ser regulador e promotor do desenvolvimento económico e social e não mais interventor.

A intervenção traduziu-se na participação, directa ou indirecta, do Estado nos circuitos económicos, ou seja, na produção e distribuição de bens e serviços. Directa, quando era feita através da própria administração, com o Estado a participar como agente económico. E indirecta, nos casos em que era realizada por entes jurídicos autónomos, designadamente através de empresas públicas. Em todo o caso, numa e noutra hipótese, a intervenção do Estado na gestão de empresas privadas só poderia acontecer em situações exigidas por ponderosas razões de interesse público. Foi, pois, neste quadro que a intervenção do Estado na gestão das empresas, a nacionalização, a apropriação e a reestruturação e a reestruturação do sector empresarial do Estado configuraram formas de transmissão de empresas do sector privado para o público e vice-versa.

Nesse sentido, o art. 1, n.º 1 do DL n.º 16/75 estabelecia que apenas estariam "sujeitas à intervenção do Estado as empresas, singulares ou colectivas, que não funcionem em termos de contribuir, normalmente, para o desenvolvimento económico de Moçambique e para a satisfação dos interesses colectivos"[103]. E o n.º 3 do mesmo dispositivo enumerava, com carácter exemplificativo, algumas das circunstâncias de indício de estar a empresa em condições de ser intervencionada. Constituíam, entre outros, motivo para a promoção da intervenção estatal: o encerramento total ou parcial de secções significativas da empresa, a ameaça de despedimento do respectivo pessoal, o despedimento iminente ou efectivo de parte importante do pessoal da empresa, sem justa causa, e o abandono de instalações ou estabelecimentos. Verificando-se algum destes indícios, ou a iminência da sua ocorrência, ou ainda, havendo um "conhecimento fundamentado" (*sic*) de tais indícios, competia ao Ministro da Coordenação Económica "ordenar que se proceda a inquérito urgente para avaliar a

---

[103] *"Para os efeitos deste diploma consideraram-se empresas as unidades produtoras de bens ou fornecedoras de serviços, designadamente aquelas que possuam equipamentos clínicos, científicos de cálculo, de medida ou outros"* (art. 1, n.º 2 do DL n.º 16/75).

Capítulo I

situação da empresa". Se do inquérito se concluísse estar a empresa em algumas das situações acima indicadas, era intervencionada. Que é o mesmo que dizer que se transferia da esfera jurídica privada para a estatal. De que forma se processou a intervenção estatal nas empresas? Nos termos do art. 3, n.º 2 do DL n.º 16/75, o Ministro da Coordenação Económica, no quadro da referida intervenção estatal, poderia determinar, nomeadamente a "intervenção do Estado na fiscalização ou na administração da empresa" e a "suspensão das suas funções de um ou mais administradores em exercício e dos restantes órgãos sociais". E, caso a defesa dos interesses da economia nacional o exigisse, o referido Ministro poderia propor ao Governo de Transição a adopção de medidas de intervenção distintas das supra citadas. Pelo que, em suma, poderia optar por propor a nacionalização dessas empresas ou unidades produtivas; o que, não raras vezes, se verificou. Daí que, entre nós, faz eco a ideia generalizada de que a intervenção do Estado na economia, até à altura do PRES, era uma forma de nacionalização. Terá sido, mais precisamente, com a Constituição de 1990 que se começaram a distinguir as empresas intervencionadas das nacionalizadas. .

A doutrina italiana refere-se à nacionalização, em sentido amplo, como toda e qualquer situação que implique a transferência de empresas, bens ou actividades económicas dos agentes económicos privados para o Estado. Nessa concepção ampla integrar-se-iam a nacionalização em sentido restrito, a colectivização, a estatização e as situações de reserva de propriedade para o sector público. Em sentido restrito, a nacionalização corresponde a um acto político-legislativo cujo efeito é a transferência de bens económicos da propriedade privada para o sector público. Segundo MANUEL AFONSO VAZ[104] "não obstante haver transferência de bens para o sector público, essa transferência ocorre por referência à colectividade ou nação, ou seja, independentemente da sua titularidade e gestão". Por conseguinte, no entender deste Autor, o que mais releva é que as unidades produtivas nacionalizadas sejam colocadas ao serviço da colectividade.

Estas considerações levam-nos a pensar que a noção de nacionalização, no direito positivo moçambicano, deve ser entendida em sentido amplo, por forma a integrar o conceito de intervenção. A legislação sobre as nacionalizações aborda o assunto, mas de forma aligeirada e, até certo

---

[104] MANUEL AFONSO VAZ, *Direito Económico*, Almedina, Coimbra, p. 173.

70 A Transmissão da Empresa à Luz da Lei do Trabalho Moçambicana

ponto, desfasada da realidade. O processo designado em Direito Económico como nacionalização não foi, no nosso caso, nem líquido, nem linear. Esteve repleto de equívocos e incertezas.

As empresas intervencionadas foram transferidas para o Estado, transformadas em empresas estatais[105], aquelas que reunissem melhores condições técnicas e financeiras ou uma dimensão adequada (art. 1, n.° 1 DL 18/87)[106]. As empresas sem essas condições foram reestruturadas, de acordo com as suas particularidades, extintas ou integradas em empresas estatais (art. 4, n.° 2 DL 18/87). Refira-se que a extinção e a integração eram feitas de forma *explícita, formal* ou *informal*[107]. A reestruturação do sector empresarial do Estado, também, deve ser entendida, *lato sensu*, como incluindo a alienação, a privatização ou a reprivatização de empresas.

Com efeito, as empresas, estabelecimentos, instalações, quotas e outras formas de participação, revertidos, nacionalizados ou transferidos para o Estado, por força do disposto no DL n.° 16/75, foram alienados, de acordo com o regulamento aprovado pelo Decreto n.° 21/89, de 23 de Maio[108]. Este Regulamento tinha em vista fixar regras para a alienação, à título oneroso, de empresas, estabelecimentos, instalações, quotas e outras formas de participação financeira da propriedade do Estado". Era a privatização do sector empresarial do Estado. Segundo NUNO SÁ GOMES[109], o conceito de privatização "oferece vários sentidos que, no entanto, convergem na retirada do papel do Estado do exercício da actividade produtiva directa, através de transferência da propriedade dos meios geradores de riqueza para o sector empresarial privado". Significa, acima de tudo, reduzir o papel interventor e a ingerência do Estado no exercício da actividade produtiva, entanto que ente investido de *"ius imperium"*.

---

[105] No conceito que lhes é conferido pela Lei n.° 2/81, de 10 de Setembro (Lei das Empresas Estatais).

[106] Cfr. Decreto-Lei n.° 18/87, de 28 de Abril.

[107] Veja-se, por exemplo, que, pelo Dec. 35/77, de 16 de Agosto, o Estado criou a empresa estatal de importação e exportação de medicamentos – MEDIMOC EE. No mesmo acto, foram *"extintos, criados e integrados os patrimónios das empresas importadoras e exportadoras de medicamentos e todo o material médico-laboratorial e cirúrgico e equipamento hospitalar"*.

[108] Regulamento de alienação, a título oneroso, de empresas, estabelecimentos, instalações, quotas e outras formas de participação financeiras da propriedade do Estado.

[109] NUNO SÁ GOMES, *Nacionalizações e Privatizações, Cadernos de Ciência e Técnica Fiscal*, Centro de Estudos Fiscais, Lisboa, 1988, p. 342.

Capítulo I   71

No essencial, a privatização em Moçambique traduziu-se num processo complexo, nem sempre transparente, de transferência do património público para o sector privado. Na verdade, impunha-se colmatar a indisciplina que presidia ao trespasse, venda ou cessão de exploração desses activos do Estado. Tratava-se de uma forma de transmissão sem uma regulamentação adequada, protagonizada por diversas formas pelos Ministérios e Secretarias de Estado de tutela dessas unidades produtivas. Por outro lado, era necessário tornar o processo de alienação o mais transparente possível. A alienação desses bens, nas mais das vezes, teve de ser antecedida por uma regularização da titularidade das empresas, bens e outros valores nacionalizados a favor do Estado, para, depois, consumar-se a sua alienação. Esta seguiu várias modalidades: concurso público, oferta ou venda pública de acções, negociação particular ou concurso restrito, alienação a gestores, técnicos e trabalhadores nacionais (Lei 15/91 e Dec. n.° 28/91)[110].

Podemos, então, concluir que a transmissão de empresas, estabelecimentos ou de parte destes, incluindo até "instalações", na ordem jurídica moçambicana, é também um conceito amplo. Aí, cabem as mais várias modalidades por que a titularidade de uma unidade produtiva passa de um sujeito para outro, a saber: o trespasse, a venda, directa ou por concurso público, a reversão, intervenção ou nacionalização dos bens de propriedade privada a favor do Estado, bem como a sua privatização. Relevante, para os efeitos do presente trabalho, é que, em qualquer destas situações, potencialmente, registou-se a subsequente cessão da posição contratual, *ex lege,* fruto da transmissão do estabelecimento.

5.4. *Posição adoptada*

O art. 26, ao referir-se à transmissão como "mudança de titularidade de uma empresa ou estabelecimento", pretende adoptar um conceito am-

---

[110] Cfr. Lei n.° 15/91, de 3 de Agosto: *"Estabelece normas sobre a reestruturação, transformação e redimensionamento do sector empresarial do Estado, incluindo a privatização e alienação a título oneroso de empresas, estabelecimentos, instalações e participações sociais de propriedade do Estado".* Decreto n.° 28/91, de 21 de Novembro, o qual *"Define modalidades de alienação ou privatização de empresas, estabelecimentos, instalações e participações financeiras de propriedade do Estado".*

plo de transmissão, abarcando todas as situações em que ocorre uma modificação (subjectiva) do titular da empresa.

Fruto da influência doutrinária e jurisprudencial recente de direito comparado, não obstante a lacuna do art. 26 sobre a matéria, perfilhamos a ideia de que, na referida acepção ampla de transmissão, se integra a transmissão de "parte do estabelecimento", desde que seja uma unidade económica produtiva dotada de "alguma autonomia organizatória"[111]. Só assim se poderão integrar no conceito de transmissão de empresas, noções tão latas quão vastas, como as de intervenção estatal, reversão, nacionalização e privatização de empresas. De igual modo, no conceito lato acomodam-se figuras como empresas intervencionadas, nacionalizadas, estatais ou públicas, cujos contornos e limites não são fáceis de determinar.

Este nosso posicionamento visa garantir a manutenção dos direitos dos trabalhadores afectados por qualquer uma dessas formas de transmissão, entretanto, operadas. Assenta, ainda, no pressuposto de que a forma por que o estabelecimento foi transmitido, formal ou informal, válida ou irregular, não obsta à eficácia da sub-rogação nos contratos de trabalho em vigor ao tempo em que a transmissão se deu. O critério fundamental para averiguar da existência da transmissão do estabelecimento, apta a desencadear os efeitos do art. 26, consiste em saber se o transmissário adquire uma unidade económica, a qual prossegue a sua actividade ou actividade similar, após a transmissão. Enfim, se essa empresa manteve a sua identidade.

Permitimo-nos, assim, concluir que por transmissão da empresa ou do estabelecimento (art. 26) deve entender-se toda e qualquer modificação subjectiva ou objectiva de unidades produtivas, englobando tanto as situações de empresas intervencionadas ou nacionalizadas como as alienadas ou privatizadas, seja a que título for. Pelo que devem ser entendidas como transmissão do estabelecimento todas as transferências operadas do sector privado para o público e vice-versa, independentemente de ter havido rigor técnico ou observação das formas e formalidades legalmente exigidas para o efeito. Deste modo, vai-se garantir a defesa dos direitos dos trabalhadores envolvidos.

---

[111] Expressão muito referenciada pela maioria dos autores germânicos, mas cujo sentido "é interpretado por alguns desses autores de forma muito abrangente: [no sentido de que] não tem de *preexistir* necessariamente uma autonomia organizatória formal, bastando uma autonomia concebível, avaliada em função (...)" de um escopo comum e específico que vise a realização de uma tarefa parcial – Cfr. ORLANDO DE CARVALHO, *Critério e estrutura do estabelecimento...*, cit., p. 606, nota 293.

Capítulo I 73

6. Distinção de figuras afins

A cessão da posição contratual do empregador resultante da transmissão da empresa, quer pela sua estrutura quer, sobretudo, pelo efeito sucessório, é confundida, geralmente, com a *cessão da posição contratual* (arts. 424.° ss. CC) e, por vezes, com o *subcontrato* (mais precisamente com a *sublocação*), *cessão de créditos* e com a *cedência definitiva de trabalhadores*. Se é verdade que aquela figura apresenta certas afinidades com estas outras, não é menos verdade que delas se autonomiza, evidenciando notáveis dissemelhanças.

Sem pretensão de uma análise detalhada, o que, aliás, não caberia no âmbito restrito deste trabalho, vamos referir-nos, sinteticamente, aos elementos essenciais de aproximação e de afastamento entre a cessão da posição contratual, *ope legis*, objecto específico desta dissertação, e aquelas outras figuras que designámos de afins.

6.1. *Cessão da posição contratual*

Na mudança total ou parcial da titularidade da empresa ou estabelecimento dá-se a *cessão da posição contratual do empregador*, que é objecto de tratamento específico no art. 26. Não se deve confundir com a cessão da posição contratual, prevista nos arts. 424.° ss. CC. Esta é de origem convencional e aquela, de origem legal. A cessão convencional é, sem dúvida, de entre as ditas figuras afins, aquela cujos contornos apresentam maiores semelhanças com a cessão legal, mas que dela, obviamente, se distingue.

Na definição dada por MOTA PINTO[112], a cessão convencional da posição contratual (arts. 424.° ss. CC) constitui a "transferência *ex negotio* por uma das partes contratuais (cedente), com o consentimento do outro contratante (cedido), para um terceiro (cessionário), do complexo de posições activas e passivas criadas por um contrato". Por esta via, dá-se o subingresso negocial de um terceiro (cessionário) na posição contratual antes ocupada pelo cedente. O cessionário assume, desde então, a titulari-

---

[112] CARLOS ALBERTO DA MOTA PINTO, *Cessão da posição contratual*, Almedina, Coimbra, 1982, p. 72.

74 *A Transmissão da Empresa à Luz da Lei do Trabalho Moçambicana*

dade dessa posição no contrato. A transmissão só se verifica havendo, também, o consentimento do "outro contraente" (cedido). Esta manifestação do acordo do cedido pode ter lugar antes ou depois da celebração do contrato entre o cedente e o cessionário. Ou seja, antes ou depois de estes manifestarem a sua vontade. Deste modo, a perfeição desta modalidade negocial depende do concurso de três declarações de vontade: o acordo do cedente, do cessionário e do cedido.

Nos termos do art. 424.º, n.º 2 CC, no caso de adesão preventiva do cedido à transmissão da posição contratual, a cessão só tem eficácia mediante a notificação ou reconhecimento daquela. De acordo com MOTA PINTO[113], uma forma especial de prestação preventiva do consentimento na transmissão da posição contratual será a inserção, no documento do contrato, de uma cláusula "à ordem". Neste caso, para a cessão produzir os seus efeitos, não é necessária a notificação do contrato cedido, bastando o simples endosso do documento. Esta forma de manifestação do consentimento, prevista no Código Civil italiano, não possui consagração no Código Civil moçambicano. No entanto, salvo melhor opinião, nada obsta a que as partes, no âmbito da liberdade contratual (art. 405.º CC), possam inserir uma cláusula "à ordem" no contrato que serve de base à cessão.

Em caso de cessão convencional da posição contratual, o conteúdo do contrato não se altera (art. 427.º CC), na medida em que a modificação operada é apenas subjectiva. O cedido continua a ter os mesmos direitos e obrigações perante o cessionário, que possuía na relação contratual com o cedente. A transmissão da posição contratual, com todo o seu conteúdo – todas as situações subjectivas criadas pelo contrato – opera-se por efeito e nos termos do contrato de cessão.

Face à descrição sumária da cessão convencional da posição contratual, soe questionar-se se é admissível a aplicação desta figura civilista nas relações jurídicas de trabalho. Sendo afirmativa a resposta, pergunta-se: como distinguir, nesse contexto, este instituto daquele outro – a cessão da posição contratual, *ex lege*?

Nada parece opor-se ao reconhecimento desta forma de o transmitente ceder a sua posição contratual de empregador para o transmissário[114]. Certo é que, entre nós, não possui, presentemente, consagração

---

[113] MOTA PINTO, *Cessão da...*, cit., p. 72, n. 1.
[114] Em sentido afirmativo, por todos, *vide* MOTA PINTO, *Cessão...*, cit., p. 157, nota 1 e pp. 449 ss. No mesmo sentido, BERNARDO XAVIER/FURTADO MARTINS, *"Cessão da posi-*

legal. Mas, no âmbito da liberdade contratual, nada impede que o cedente e o cessionário condicionem a eficácia da cessão da posição contratual do primeiro para o segundo, ao acordo do trabalhador cedido. Assim, a cessão convencional da posição do empregador, para se tornar perfeita, dependeria do concurso de três declarações de vontade: a proposta do cedente de abandonar a sua posição de empregador a favor de um terceiro (cessionário); a aceitação do cessionário em ingressar na relação jurídica de trabalho, ocupando o lugar do cedente; e, por último, o consentimento do trabalhador cedido na modificação subjectiva no contrato. Neste caso, assistiria ao trabalhador o direito de consentir (ou não consentir) na transmissão, acto que poderia realizar "antes ou depois da celebração do contrato" (art. 424.º, n.º 1 CC). A prestação preventiva do consentimento do trabalhador (cedido) na transmissão da posição contratual do cedente, atenta a natureza deste tipo contratual, parece-nos, contudo, de aplicação remota (ou, pelo menos, não aconselhável). Os autores, sobre esta matéria, divergem.

MOTA PINTO[115] admite a aplicação desta figura às relações contratuais de trabalho, na medida em que, através dela, a posição de empregador pode ser cedida de forma definitiva a uma outra entidade empregadora sem que, por via disso, ocorra uma alteração do conteúdo do contrato. Para o efeito, impõe-se que o empregador (cedente), com o consentimento do trabalhador (cedido), transmita a terceiro (cessionário) a sua posição no contrato de trabalho. A partir do momento que a cessão se torna eficaz, deixa o cedente de ser entidade empregadora, qualidade esta que passa a ser assumida pelo cessionário. Por conseguinte, a alteração operada é de natureza subjectiva e não objectiva, pelo que a relação jurídica (objectivamente) se mantém idêntica. Um caso paradigmático da aplicabilidade da cessão convencional, no quadro das relações laborais, é o da cessão dos contratos dos jogadores profissionais de futebol, a qual carece do consentimento do jogador. Refira-se que estes contratos são *intuitu personae*, no

---

ção contratual laboral, Relevância dos Grupos Económicos. Regras de Contagem da Antiguidade", RDES, 1994, n.º 4, pp. 389 ss. Em sentido oposto, negando a sua admissibilidade, JÚLIO GOMES, *O conflito entre...*, cit., pp. 179 ss.

[115] MOTA PINTO, *Cessão...*, cit., p. 157, n. 1 e pp. 499 ss. Em sentido idêntico, BERNARDO XAVIER/FURTADO MARTINS, *"Jurisprudência crítica – Cessão de posição contratual laboral. Relevância dos grupos económicos. Regras de contagem da antiguidade"*, RDES, Outubro/Dezembro, 1994, p. 390.

76 A Transmissão da Empresa à Luz da Lei do Trabalho Moçambicana

sentido de que constituem negócios bilaterais, que se baseiam numa especial relação de confiança e nas características pessoais do contratado, as quais estão adstritas especificamente à execução ou prestação da actividade. Pelo que, de todo em todo, não se afigura incompatível a sua aplicação a outras situações da mesma natureza ou similar – por exemplo, com os artistas.

Para ROMANO MARTINEZ[116], a "transmissão da posição contratual pode dar-se tanto do lado do empregador como do trabalhador". Mas o Autor reconhece, em seguida, não ser normal a ocorrência da segunda hipótese – a cessão da posição contratual do trabalhador – devido, essencialmente, à natureza *intuitu personae* do contrato laboral. Ocorrendo uma cessão convencional da posição contratual do empregador, o empregador cessionário ingressa na posição do empregador cedente. Assume o conjunto de direitos e obrigações que, à data da cessão, se acharem na esfera jurídica deste, e responsabiliza-se pelo seu cumprimento. Desta sorte, opera-se o subingresso negocial de um terceiro na posição contratual do cedente. Mas, para que o efeito da cessão se produza, torna-se imprescindível o assentimento do trabalhador cedido.

Nos termos do art. 424.°, n.° 1 CC, nada impede que o consentimento do trabalhador possa ser anterior ou posterior à cessão. A possibilidade de a declaração de assentimento do trabalhador poder efectuar-se antes da celebração do contrato de cessão relança algumas dúvidas quanto à admissibilidade deste instituto nas relações laborais. De duas uma: ou o trabalhador conhece, previamente, quem será o cessionário, e aí, parece razoável aceitar que o consentimento antecipado não porá em risco os interesses do trabalhador; ou, não o conhecendo, os seus direitos não estarão (poderão não estar) devidamente acautelados. É que, nesta última hipótese, a anuência antecipada na modificação subjectiva do empregador cedente, implica a inclusão de uma cláusula (do tipo, cláusula "à ordem") no contrato de trabalho. Em caso de incumprimento dessa cláusula contratual, o trabalhador sujeitar-se-ia a uma quase inevitável rescisão do contrato com justa causa.

---

[116] ROMANO MARTINEZ, *Direito...*, cit., p. 681, em que indica como exemplo de transmissão da posição contratual do lado do trabalhador: um pai que, à beira da reforma, transmite, com o acordo do empregador, a sua posição no contrato de trabalho ao filho. Manifestando dúvidas quanto à sua aplicabilidade, *vide* RAÚL VENTURA, *"Extinção das Relações Jurídicas de Trabalho"*, *ROA,* 1950, pp. 24 ss.

Para melhor ilustração do nosso ponto de vista, prefiguremos a seguinte hipótese: **A** celebra com **B** um contrato de trabalho, que integra uma cláusula de prestação preventiva de consentimento do trabalhador. Nos termos da referida cláusula, **A**, o empregador, pode ceder a sua posição contratual de empregador a terceiro. A dada altura, **A** decide accionar a sobredita cláusula cedendo a sua posição contratual a **C** (cessionário), um empresário de duvidosa reputação em matéria de gestão empresarial. Supondo que se tivesse cumprido a formalidade da notificação ou reconhecimento, prevista no art. 424.°, n.° 2 CC. *Quid juris*?

Tratando-se de uma cláusula contratual, o seu incumprimento pode acarretar a rescisão unilateral do contrato de trabalho, por iniciativa do empregador (art. 68). Que face às circunstâncias, parece-nos, praticamente, inevitável. Daí a sua manifesta inconveniência. No entanto, se o consentimento tivesse de ser no momento da celebração da cessão (ou posterior), teria a vantagem de permitir a **B** (trabalhador) opor-se à cessão que lhe fosse (ou pudesse ser) prejudicial, como potencialmente é o caso da hipótese. Aliás, a forma como o art. 26 se refere à possibilidade de o trabalhador, em caso de "mudança de titularidade de uma empresa ou estabelecimento", poder fazer cessar o contrato de trabalho, parece-nos poder acolher favoravelmente esta solução[117]. Em todo o caso, o recurso a este instituto jurídico de Direito Civil, nas relações jurídicas de trabalho, deve fazer-se com algumas reservas e cautelas, para evitar simulações ou fraudes à lei em desfavor do trabalhador.

De facto, o trabalhador pode não concordar com a alteração subjectiva proposta, designadamente por a considerar contrária aos seus legítimos interesses sócio-laborais. Por exemplo, caso o cessionário não ofereça garantias de solvabilidade ou de manutenção da actividade – como na situação hipotizada – o que, consequentemente, põe em causa não só os direitos do trabalhador, principalmente, a estabilidade no emprego. Em tais casos, o trabalhador não dará, com certeza, o seu consentimento. Todavia, como, muitas das vezes, a cessão da posição contratual representa uma maior garantia de manutenção do vínculo laboral, presumimos que o trabalhador, em última análise, consenteria na cessão.

Situação diversa é a do art. 26. Neste caso, a posição contratual do empregador transfere-se por inerência da perda e da aquisição da titula-

---

[117] Recorde-se que esta norma permite a denúncia do contrato, portanto nem sequer se impõe a apresentação de causa justificativa.

78 A Transmissão da Empresa à Luz da Lei do Trabalho Moçambicana

ridade dessa qualidade jurídica, do transmitente para o cessionário, por força da lei. Opera-se a denominada "sub-rogação legal no contrato"[118]. Trata-se de situações em que o subingresso de um sujeito na titularidade de uma dada posição contratual é consequência de um outro negócio jurídico – a transmissão da empresa ou estabelecimento – o qual viabiliza a produção legal desse efeito sucessório. Aqui a sucessão no contrato realiza-se, *ope legis*. Trata-se de uma cessão de contrato com especificidades, com pontos de aproximação e de afastamento do regime geral da cessão convencional (arts. 424.º ss. CC).

O objecto da cessão, como se depreende do n.º 2 do art. 26, é o complexo de "direitos e obrigações emergentes dos contratos de trabalho e dos instrumentos de regulamentação colectiva de trabalho". Transmitem-se para o adquirente da empresa ou estabelecimento, tão-só, "os direitos e obrigações" emergentes das relações contratuais de trabalho ajustadas pelo transmitente[119]. O transmissário, desta forma, ingressa numa relação contratual pré-existente e assume a responsabilidade do cumprimento do conteúdo dos contratos de trabalho transmitidos. Porque a alteração operada é subjectiva, apesar de a cessão ser legal, o conteúdo do contrato de trabalho, no essencial, mantém-se inalterado. No mesmo sentido se estatui no art. 427.º CC, quanto à cessão convencional. Significa que o trabalhador conserva perante o cessionário todos os direitos adquiridos na pendência da relação contratual antes constituída com o transmitente. Nisto, as duas figuras assemelham-se.

Em segundo lugar, a cessão legal advém de um outro negócio jurídico – a transmissão do estabelecimento – contrato no qual, em princípio, o trabalhador não intervém. Em contrapartida, a cessão convencional, que também se decompõe em dois negócios jurídicos, provém de um contrato em que geralmente o trabalhador intervém. O trabalhador, nesta hipótese, é parte no contrato de trabalho concluído, *ab initio*, entre ele e o empregador cedente, e, *a posteriori*, no contrato que serve de base à cessão, em que ele tem de manifestar o seu consentimento. É precisamente por causa desta participação do cedido que se distinguem. Enquanto na cessão legal o cedido ingressa na esfera jurídica do cessionário, *ex lege*, sem necessidade do seu consentimento, neste outro caso (cessão convencional aplicável à relação laboral) impõe-se a manifestação de vontade do cedido.

---

[118] Expressão utilizada por Mota Pinto, *Cessão...*, cit., p. 90.

[119] Não se transmitem, porém, quaisquer relações contratuais de outra natureza constituídas pelo cedente.

Em terceiro lugar, a cessão legal dá-se por força da lei, como já o reafirmámos. Significa que não depende da vontade dos três contratantes. A perfeição negocial da sub-rogação legal no contrato de trabalho não carece sequer do consentimento do trabalhador. Como tal a cessão convencional assenta numa estrutura trilateral, ao passo que a cessão legal baseia-se numa relação bilateral.

A cessão da posição contratual de empregador não afecta os direitos do trabalhador, pois estes passam para o novo titular da empresa, como se não tivesse havido qualquer transmissão (art. 26, n.º 2). O mesmo efeito está previsto no art. 427.º CC, em relação à cessão convencional. No entanto, em função da sucessão subjectiva operada e, *quiçá*, de uma eventual modificação objectiva que possa ocorrer, nada impede que surjam situações de alteração substancial das circunstâncias (art. 437.º CC), que podem redundar em prejuízo sério para o trabalhador. Por isso, se o prestador de trabalho se sentir prejudicado pela mudança da titularidade da empresa, pode opor-se à transmissão do seu contrato de trabalho, nos termos do art. 26, n.º 1. Retomaremos este assunto no capítulo seguinte.

A afinidade entre as duas figuras advém, na essência, da identidade quanto à sucessão na relação contratual, ou seja, do efeito sucessório[120]. Mas diferem, quanto à respectiva estrutura. A cessão da posição contratual, de origem convencional (art. 424.º CC)[121], possui uma estrutura triangular, na medida em que a sua perfeição negocial depende da conjugação do acordo do cedente, do cessionário e do cedido. A cessão da posição contratual, *ope legis*, inerente à transmissão da empresa, não carece do consentimento do trabalhador, produz-se automaticamente[122], pelo que possui uma estrutura bilateral.

---

[120] Sobre o efeito sucessório implícito na cessão da posição contratual, *Vide*, por todos, MOTA PINTO, *Cessão...*, cit., pp. 157 ss.; JOÃO DE MATOS ANTUNES VARELA, *Das Obrigações em geral*, Vol. II, 7.ª ed., Coimbra, 1997, p. 374 e MÁRIO JÚLIO DE ALMEIDA COSTA, *Direito das Obrigações*, 9.ª ed., Coimbra, 2001, pp. 719 ss.

[121] Mesmo quando aplicável às relações jurídicas de trabalho – veja-se o exemplo da nota 124 supra.

[122] No mesmo sentido, *vide* o Ac. RL, de 24 de Fevereiro de 1999, CJ, pp. 172 ss.: *"Trata-se de uma sub-rogação ex lege do contrato de uma solução forçosa que opera ope legis e não verdadeiramente de uma cessão da posição contratual, já que não se torna necessário o acordo do cedente, do cessionário e dos trabalhadores para que tal transmissão contratual se verifique".*

80 *A Transmissão da Empresa à Luz da Lei do Trabalho Moçambicana*

Gostaríamos, pois, de concluir como iniciamos realçando o ensinamento de Mota Pinto[123], pela forma clara como assinala a diferença entre as duas figuras: "aí se consagra, nos casos de transferência da empresa ou do estabelecimento, a solução da transmissão automática, para os adquirentes desses bens, das posições contratuais correspondentes às relações de trabalho em vigor (...)". Deste modo, o que ocorre na cessão da posição contratual do empregador (art. 26) é uma sub-rogação legal no contrato de trabalho e não, propriamente, uma cessão da posição contratual (art. 424.° CC).

6.2. *Subcontrato*

De entre as figuras que, pelos seus contornos, podem suscitar dúvidas quanto à sua distinção da cessão da posição contratual *ope legis*, por vezes, aponta-se o *subcontrato*.

Para Almeida Costa[124] "consiste o *subcontrato* numa estipulação em que uma das partes de um anterior contrato, dentro dos poderes que deste lhe advieram, celebra com terceiro um novo contrato, normalmente da mesma espécie". O autor aponta, em seguida, como um dos exemplos emblemáticos de subcontratação a sublocação. Pelos vistos, este tipo contratual tem em comum com a cessão da posição contratual apenas a participação de mais do que dois contratantes. Mas, mesmo neste aspecto, apresentam diferenças notáveis. A cessão traduz-se numa mera modificação subjectiva, em relação ao contrato principal, ao passo que no subcontrato se cria uma nova relação obrigacional, deixando-se incólume o vínculo contratual anterior.

Romano Martinez[125], por seu turno, define o subcontrato como o "negócio jurídico bilateral, pelo qual um dos sujeitos, parte em outro contrato [dito contrato base ou principal], sem deste se desvincular e com base na posição jurídica que daí lhe advém, estipula com terceiro, quer a utilização, total ou parcial, de vantagens de que é titular, quer a execução, total ou parcial, de prestações a que está adstrito". Nesta definição, o que se verifica é que o cedente, baseando-se numa relação contratual existente,

---

[123] Mota Pinto, *Cessão...*, cit., p. 88.
[124] Almeida Costa, *Direito das...*, cit., pp. 776 ss. O itálico no original.
[125] Romano Martinez, *O subcontrato*, Almedina, Coimbra, 1989, p. 188.

limita-se a constituir, a partir dessa outra relação, uma nova – o subcontrato. Seria o caso de **A**, na qualidade de locatário, num contrato locativo ajustado com **B**, celebrar com **C** um contrato de sublocação[126]. Assinale-se que "de entre as hipóteses subcontratuais, a sublocação constitui a figura paradigmática"[127].

A propósito da locação, consideremos o caso de transmissão da posição do locador, por inerência à alienação da coisa locada (art. 1057.º CC)[128]. Nesta circunstância, a transmissão da posição contratual opera por força da lei, não carecendo, por isso, do consentimento das partes. Nem sequer tal efeito pode ser afastado por convenção entre locador e locatário. O efeito é, pois, similar ao que ocorre no caso da cessão da posição contratual, *ope legis*, prevista no art. 26. Em ambos os casos o subingresso de um novo sujeito, numa relação contratual pré-existente, em substituição de um outro, é automática e subjacente à nova titularidade de uma empresa ou de um prédio. Trata-se, portanto, de uma sub-rogação, *ex lege,* no contrato e não, propriamente, de uma cessão convencional.

Por outro lado, tanto a transmissão da relação laboral, inerente à transferência da empresa ou estabelecimento, como a transmissão da posição do locador, no caso de alienação da coisa locada, produzem-se *ipso jure*, sem necessidade do acordo do cedido. Por conseguinte, ambas as figuras possuem uma estrutura bilateral. E nos dois casos temos, assim, uma derrogação do regime comum da cessão da posição contratual, de origem convencional (arts. 424.º ss. CC).

No essencial, a cessão da posição contratual do empregador difere da transmissão da posição do locador, porque naquela o cedente sai da relação contratual originária, sendo substituído pelo cessionário, ao passo que nesta, o cedente mantém a respectiva posição anterior, criando apenas, com base nela, um novo vínculo contratual. E mais: enquanto na cessão da posição contratual do empregador se regista uma modificação subjectiva, em relação ao contrato originário, na transmissão da posição do locador

---

[126] *"A locação diz-se sublocação, quando o locador a celebra com base no direito de locatário que lhe advém de um precedente contrato locativo".*

[127] Nesse sentido, veja-se ROMANO MARTINEZ, *Direito das Obrigações (Parte Especial) – Contratos*, 2.ª Edição, Almedina Coimbra, 2001, pp. 211 ss.

[128] Doravante, utilizaremos a expressão *"transmissão da posição do locador"*, de forma indiferenciada, com estoutra designação legal, prescindindo, deste modo, do rigor técnico-jurídico, por mera questão de economia de linguagem.

82 *A Transmissão da Empresa à Luz da Lei do Trabalho Moçambicana*

cria-se uma nova relação jurídica diversa da anterior, passando a coexistir com estoutra, sem a modificar. Prevalecem, pois, os dois contratos. Não há, aqui, a saída de um sujeito da relação jurídica (cedente) a favor de um outro (cessionário). Existe, sim, um contraente comum a dois contratos.

Assim, a transmissão da posição do locador (art. 1057.º CC) distingue-se da sub-rogação legal no contrato de trabalho (art. 26), essencialmente, nesses dois aspectos. Primeiro: na transmissão da posição do locador coexistem dois contratos, ao passo que na cessão da posição contratual do empregador, temos apenas um contrato, no qual se dá a substituição do transmitente pelo transmissário. Segundo: na cessão da posição contratual do empregador, existe uma modificação subjectiva – com a saída do cedente da relação contratual e a sua substituição pelo cessionário, o novo empregador. Este passa a ser parte no contrato de trabalho originário e não num contrato derivado (não originário), como sucede na transmissão da posição do locador. Deste modo, enquanto na sublocação opera o efeito novador, na cessão da posição contratual do empregador, dá-se o efeito sucessório.

6.3. *Cessão de créditos*

Um outro instituto que se diz possuir alguma semelhança com a sub-rogação legal no contrato de trabalho é a *cessão de créditos*. Parece-nos, todavia, ser de afastar tal relação, como a seguir se verá.

Nos termos dos arts. 577 ss. CC, tem-se por cessão de créditos, o contrato pelo qual o credor, dito cedente, transmite, gratuita ou onerosamente, uma parte ou a totalidade do seu crédito, actual ou futuro, a um terceiro, dito cessionário, independentemente do consentimento do devedor. ALMEIDA COSTA[129] entende que a cessão de créditos é a substituição do credor originário por outra pessoa, mantendo-se inalterados os restantes elementos da relação obrigacional. Não existe, neste caso, a substituição da obrigação antiga por uma nova, mas, apenas, uma alteração subjectiva. O credor (cedente), mediante negócio jurídico, nomeadamente de natureza contratual, transmite a terceiro (cessionário) o seu crédito, independentemente do consentimento do devedor cedido.

---

[129] ALMEIDA COSTA, *Direito das…*, cit., pp. 755 ss.

Apesar de na cessão de créditos, tal como na transmissão da posição contratual do empregador, ligada à transmissão da empresa, se prescindir do consentimento do cedido, parece-nos infundada qualquer relação entre os dois institutos. De facto, a desconsideração do acordo do trabalhador, na transmissão da relação laboral, constitui uma situação excepcional, face ao regime geral da transmissão de relações contratuais sinalagmáticas. A regra seria exigir-se o consentimento da contraparte, em respeito ao princípio da liberdade contratual. Não se pode impor à contraparte um sujeito que não escolheu. A desnecessidade do assentimento do devedor cedido, para a eficácia da cessão de créditos, baseia-se na falta de interesse ou no interesse reduzido que o devedor tem na pessoa do credor. Fundamento que, evidentemente, não se aplica à situação da transmissão do contrato de trabalho, subjacente à transmissão do estabelecimento.

A desconsideração do acordo do trabalhador explica-se pela necessidade de acautelar, simultaneamente, os interesses da empresa, no caso de mudança da sua titularidade, no que, concomitantemente, e em princípio, se estará, também, a proteger os interesses do trabalhador[130]. Portanto, não existe, na essência, uma identidade substancial entre os dois tipos de desnecessidade do consentimento do cedido.

Por outro lado, diferem quanto ao seu objecto. Por força do disposto no art. 793.º CC, que prefigura um caso de cessão de créditos, dá-se a passagem para o cessionário dos acessórios do crédito. O que se transfere, na cessão da posição contratual *ope legis*, do transmitente para o transmissário, são "direito e obrigações" (relações laborais), que emergem da relação de trabalho. Mais: a obrigação de pagar a remuneração e de cumprir os deveres de empregador, emergentes da cessão legal, não constituem acessórios do crédito de prestação ao trabalho – mas, sim, a contrapartida da prestação de trabalho.

De facto, atendendo à natureza específica da relação de trabalho, caracterizada por esse seu cunho eminentemente pessoal, muito dificilmente se poderia admitir a cessão de um crédito nas relações laborais. Neste sentido, ANTUNES VARELA[131] considera que, estando em causa um contrato de trabalho, "a prestação debitória, por sua natureza, se encontra

---

[130] Para mais desenvolvimentos, veja-se, por todos, MOTA PINTO, *Cessão...*, cit., pp. 93 ss.

[131] ANTUNES VARELA, *Das obrigações em...*, cit., p. 305.

84 A Transmissão da Empresa à Luz da Lei do Trabalho Moçambicana

de tal modo ligada à pessoa concreta do credor, que seria manifestamente desrazoável impor ao devedor (...) a sua vinculação perante uma outra pessoa". É nossa convicção que a hipótese (meramente académica, diga-se) de admissibilidade deste instituto jurídico, nas relações laborais, passaria pela necessidade do consentimento do trabalhador. De facto, nem sempre lhe é indiferente a figura do devedor. Ora, nessa perspectiva, a cessão do crédito poderia viabilizar tal modificação indesejada.

A cessão de créditos distingue-se, igualmente, da cessão da posição contratual, *ope legis*, porque, desta, advêm direitos e obrigações para ambas as partes[132]; ao passo que na cessão de créditos, cada um dos contraentes obtém apenas direitos ou apenas assume obrigações. Nesta última, não há prestações recíprocas (art. 424.°, n.° 1 CC). Na cessão da posição contratual *ope legis*, temos uma relação sinalagmática. Quer dizer, um nexo de dependência recíproca entre as obrigações, que, para as partes, emergem do contrato bilateral; obrigações essas que se encontram relacionadas entre si por um vínculo de correspectividade. A cessão de créditos é um contrato unilateral, dele emergem obrigações a cargo apenas de uma das partes ou obrigações não ligadas entre si pelo sinalagma.

Em suma, e sufragando a sábia conclusão de Mota Pinto[133]: "Trata-se duma identidade [a que se quer estabelecer entre a cessão legal e a cessão de créditos] puramente fortuita e formal, localizada, apenas, na epiderme dos institutos respectivos".

6.4. *Cedência ocasional e definitiva de trabalhadores*

Finalmente, analisemos a relação existente entre a cessão da posição contratual, *ex lege,* e a *cedência ocasional e definitiva de trabalhadores*, adiantando, desde já, que é também fortuita ou aparente.

Segundo Catarina Carvalho[134] a "cedência de trabalhadores pode caracterizar-se como a operação pela qual um ou mais trabalhadores são

---

[132] O art. 424.°, n.° 1 CC refere-se a *"contrato com prestações recíprocas"*; o que faz pressupor a sua bilateralidade e sinalagmaticidade.

[133] Mota Pinto, *Cessão...*, cit., p. 94.

[134] Catarina Carvalho, *Da mobilidade dos trabalhadores...*, cit., p. 382. A propósito do regime da cedência ocasional de trabalhadores, veja-se Romano Martinez, *"Cedência ocasional de trabalhadores. Quadro jurídico"*, *Separata da ROA*, Ano 59, III, Lisboa, Dezembro, 1999, pp. 859 ss.

colocados, com o seu consentimento e por um período limitado de tempo, à disposição de outra entidade empregadora, com intuito não lucrativo e sem que tal actividade de cedência corresponda ao objecto da empresa cedente, com a qual o prestador de trabalho mantém o vínculo laboral, voltando a ocupar a categoria originária logo que termine a cedência". À parte a extensão do texto da definição, dela destacam-se como elementos relevantes da figura: a estrutura triangular, a eventualidade, a temporalidade, a falta de intuito lucrativo, o consentimento do trabalhador, a manutenção do vinculo com o cedente e a possibilidade de ser ocasional.

A nossa lei não regula este instituto. Na lei portuguesa, a cedência de trabalhadores era disciplinada no mesmo diploma legal que fixava o regime jurídico do trabalho temporário – arts. 26 ss. LTT[135], que não previa a cedência ocasional. Actualmente, esta matéria possui consagração legal nos arts. 322.º ss. CT. O art. 322.º CT encerra um conceito de cedência ocasional de trabalhadores[136]. Nos termos desta norma, para haver cedência ocasional de trabalhadores, têm de verificar-se cumulativamente as condições previstas no art. 324.º CT. O regime da cedência de trabalhadores (arts. 320.º ss. CT) é imperativo e restrito à *cedência ocasional* de trabalhadores (art. 323.º CT). A lei veda às partes a celebração da *cedência definitiva* de trabalhadores.

Na cedência ocasional[137], um trabalhador de uma certa empresa passa a prestar trabalho subordinado noutra empresa, durante um determinado lapso de tempo[138], mas mantendo o vínculo contratual com a primeira empresa. Esta continua a ser a entidade empregadora do trabalhador

---

[135] LTT – Lei do Trabalho Temporário (Decreto-Lei n.º 358/89, de 17 de Outubro). Este diploma regulava, além do trabalho temporário, a cedência ocasional de trabalhadores, mas não encerrava o seu conceito. Esta subdividia-se em duas modalidades: a cedência regulada em IRCT e a resultante do acordo com o trabalhador, prevista nos arts. 27.º ss. daquele diploma.

[136] *"A cedência ocasional de trabalhadores consiste na disponibilização temporária e eventual do trabalhador do quadro de pessoal próprio de um empregador para outra entidade, a cujo poder de direcção o trabalhador fica sujeito, sem prejuízo da manutenção do vínculo contratual inicial".*

[137] O art. 323.º CT, contendo o princípio geral da sua aplicação, indica as duas situações em que a cedência ocasional de trabalhadores é permitida: 1.º – quando é regulada em IRCT; 2.º – subsidiariamente, quando efectuada de acordo com a previsão do Código do Trabalho.

[138] A duração da cedência não pode exceder um ano, renovável por iguais períodos até ao limite máximo de cinco anos – cfr. a al. d) do art. 324.º CT.

86 A Transmissão da Empresa à Luz da Lei do Trabalho Moçambicana

cedido. Finda a cedência, o trabalhador regressa ao seu empregador inicial. Por conseguinte, para haver cedência ocasional de trabalhadores é necessária a verificação cumulativa de três elementos: 1.º – que o trabalhador seja cedido do quadro de pessoal próprio de um empregador para outra entidade, que sobre aquele passa a exercer o poder de direcção; 2.º – que a cedência seja temporária e eventual, isto é, ocasional; 3.º – que o vínculo entre o trabalhador e o empregador cedente se mantenha.

Já desenvolvemos o conceito de trabalhador. Em todo o caso, e apesar de nenhuma das Directivas dizer o que por ele se entende, no Acórdão Stichting, o TJCE remeteu a sua definição para a legislação dos Estados--Membros[139]. Pelo que, o conceito de trabalhador aplicável ao caso é o que fixámos anteriormente. A ocasionalidade tem a ver com o facto de a cedência não poder ser regular e periódica, mas antes, eventual e excepcional. A natureza temporária vai de encontro ao princípio geral da proibição da cedência definitiva de trabalhadores (art. 323.º CT). Pela actual lei portuguesa, a cedência definitiva é ilícita. Esta corresponderia à situação em que o trabalhador de uma empresa, mantendo o vínculo contratual com esta, passasse a prestar actividade noutra empresa, definitivamente. Na hipótese, tratando-se de uma cedência definitiva, o trabalhador jamais voltaria a integrar o quadro de pessoal do seu empregador.

Não nos parece poder achar-se qualquer relação substancial entre a cedência ocasional (nem mesmo a definitiva) de trabalhadores e a cessão da posição contratual do empregador inerente à transmissão da empresa. A cedência ocasional de trabalhadores possui uma estrutura trilateral; a cessão legal, como já foi reiterado, tem-na bilateral. O trabalhador, na cedência de trabalhadores, mantém o vinculo contratual com o seu empregador (inicial), pelo que nunca se desprende desta relação. Situação diversa da que encontramos na sub-rogação legal no contrato de trabalho.

Apesar do carácter temporário da cedência ocasional de trabalhadores, ela não se confunde com o trabalho temporário. Este traduz-se num acordo negocial de estrutura, em certo sentido, triangular, que se estabelece entre uma empresa de trabalho temporário (ETT), um trabalhador e um utilizador. A ETT ajusta um contrato de trabalho com o trabalhador pelo qual este se obriga, mediante remuneração, a prestar temporariamente a sua actividade ao utilizador. A par desse contrato, a referida ETT conclui

---

[139] O Tribunal de Justiça considerou ser trabalhador o *"(…) pessoal que, face ao direito nacional, deva ser considerado como trabalhador e como tal protegido"*.

com o utilizador um contrato de prestação de serviço, denominado *contrato de utilização*, pelo qual a primeira se obriga, mediante retribuição, a colocar à disposição da contraparte um ou mais trabalhadores temporários[140]. Deste modo, como diz MARIA REGINA REDINHA[141], surgem duas relações jurídicas justapostas e autonomizáveis, em que um dos participantes é comum.

É, pois, evidente a destrinça entre a cedência ocasional de trabalhadores e o trabalho temporário, apesar de alguma semelhança. Esta resulta, em síntese, do facto de, num e noutro caso, haver um ou mais trabalhadores subordinados que, mediante remuneração, são postos à disposição de um utilizador, sem quebra do vínculo contratual. Todavia, estas duas figuras apresentam mais pontos de afastamento do que de aproximação. No trabalho temporário, o trabalhador é contratado para ser cedido a outro empregador e, na cedência ocasional, o trabalhador não é contratado para satisfazer tal fim lucrativo, mas para realizar uma certa actividade, sob a direcção e autoridade do cessionário, enquadrado no seio empresarial deste último. O trabalhador temporário, apesar de prestar a sua actividade subordinando-se ao utilizador, não se integra no quadro de pessoal deste. Enquanto a ETT prossegue um fim lucrativo, o empregador cedente, na cedência de trabalhadores, coloca trabalhadores ao serviço de terceiro, no âmbito da gestão empresarial, sem um fim lucrativo (no sentido do que é no trabalho temporário), e fá-lo sempre com carácter eventual ou excepcional.

A cedência ocasional de trabalhadores, apesar de alguma aproximação, também difere da cessão da posição contratual, *ope legis*. Com efeito, o cedente transmite ao cessionário um complexo de direitos e deveres que, para ele, emergem do contrato de trabalho. O cessionário passa a ser titular da posição jurídica até então ocupada pelo cedente na relação de trabalho. Por força da cedência ocasional de trabalhadores, verifica-se uma fragmentação da posição jurídica do empregador no contrato de trabalho.

---

[140] Para mais desenvolvimentos sobre o regime do trabalho temporário, vide, entre outros, MENEZES CORDEIRO, *Manual de Direito...*, cit., pp. 602 ss.; MONTEIRO FERNANDES, *Direito...*, cit., pp. 151 ss. e ROMANO MARTINEZ, *Direito...*, cit., pp. 631 ss.

[141] MARIA REGINA REDINHA, "*A relação laboral fragmentada – Estudo sobre o trabalho temporário*", Col. Studia Jurídica, n.° 12, Coimbra Editora, Coimbra, 1995, p. 19. Para esta mesma Autora, em rigor, não existe no trabalho temporário uma estrutura trilateral, porque as duas relações jurídicas nele constituídas são autonomizáveis.

88   A Transmissão da Empresa à Luz da Lei do Trabalho Moçambicana

A transmissão aqui operada é apenas parcial: o cedente mantém na sua esfera jurídica certos direitos e obrigações emergentes do contrato de trabalho. Continua a exercer uma parte do poder directivo legalmente atribuído ao empregador. Por isso, neste caso, não se pode falar de uma verdadeira cessão da posição contratual *ope legis*, porque esta pressupõe uma transmissão global e definitiva da relação emergente do contrato.

A principal destrinça entre a cedência ocasional de trabalhadores do trabalho temporário deriva do facto de que a empresa cedente, contrariamente da empresa de trabalho temporário, não tem exclusivamente, nem mesmo como actividade principal, a cedência de trabalhadores para outras empresas. Destarte, a cedência de trabalhadores constitui uma actividade acidental e não tem em vista um fim lucrativo. Quanto à sua natureza jurídica, a cedência ocasional de trabalhadores é uma cessão da posição contratual parcial, temporária e com caracter limitado[142].

Em qualquer uma das hipóteses de transmissão analisadas, está presente o efeito sucessório. Nem sempre a relação jurídica assenta numa estrutura triangular. E não é em todos os casos que se exige o consentimento do cedido, para a perfeição do negócio jurídico. A desnecessidade do consentimento do cedido possui igualmente contornos diversificados e a sua fundamentação também não é idêntica. Certo é que constitui, em determinadas situações concretas, a condição sem a qual não se verifica a perfeição negocial do contrato, como na cessão convencional da posição contratual, ou a respectiva eficácia fica comprometida.

---

[142] ROMANO MARTINEZ, *Cedência ocasional...*, cit., p. 870.

CAPÍTULO II

7. Breve análise do regime jurídico da transmissão da empresa ou estabelecimento

7.1. *A forma da transmissão*

Refere-se o art. 26 à "mudança de titularidade" como forma de transmissão de uma empresa ou estabelecimento de uma entidade empregadora para a outra. Da leitura do preceito e da sua interpretação doutrinária e jurisprudencial decorre o entendimento comum de que o legislador utiliza aquela expressão em sentido amplo. Enquadrando-se nela todas as hipóteses em que a titularidade da unidade económica, onde o trabalhador presta serviço, se transfere de um sujeito para o outro.

A expressão em análise não indica a forma concreta como se processa essa transmissão. Da norma (art. 26) e da legislação laboral não consta qualquer disposição que trate de explicitar como se dá a transmissão. Tal constatação, e numa perspectiva de análise comparativa, permite questionar se poderá a transmissão operar "por qualquer título". Ou, pelo contrário, exige-se que a transmissão se dê no quadro de uma relação contratual. Ou, ainda, se tem de existir necessariamente uma ligação directa entre o primitivo titular da empresa e o que o sucede.

Sobre esta matéria, o art. 26 é omisso. Contudo, como já explicitámos, o entendimento pacífico é no sentido de que a passagem do complexo jurídico económico (*lato sensu*) – empresa, estabelecimento, parte do estabelecimento, centro de trabalho, etc. – onde o trabalhador presta serviço, de um sujeito para outro, pode efectuar-se seja a que título for. Não sendo exigível que a transmissão se processe no âmbito de uma relação contratual. Basta que a passagem se dê no quadro de uma relação jurídica de trabalho subjacente à mudança de titularidade da empresa ou estabelecimento. A unidade económica tem de mudar imperativamente de titular,

90 A Transmissão da Empresa à Luz da Lei do Trabalho Moçambicana

ou seja, com a sua transmissão, passa a haver uma nova entidade empregadora, em substituição da anterior – o cedente. O fundamento deste entendimento tão amplo sobre a forma como se dá a transmissão, é garantir a protecção do trabalhador, em qualquer situação de mudança do responsável pela exploração da empresa ou estabelecimento onde aquele presta a actividade.

Importa, desde já, esclarecer que tanto o cedente quanto o cessionário, podem ser pessoas físicas ou colectivas, de direito privado ou público, regular ou irregularmente constituídas. A transmissão da titularidade pode, assim, verificar-se mesmo nos casos de mera cessão de exploração da empresa ou de reversão dessa exploração para o seu o titular. Daí que, na presente situação, a *titularidade* da empresa não coincida, necessariamente, com a detenção da sua propriedade. Só assim se torna possível abranger toda a casuística que se tem desenvolvido em conexão com este preceito. Com base neste pressuposto, podemos, então, concluir que a transmissão da empresa (em sentido amplo), nos termos do art. 26, pode dar-se, nomeadamente, por via do trespasse, alienação, nacionalização, fusão, cisão, cessão ou reversão da sua exploração. Existem, pois, diversos tipos negociais e de facto cujo objecto é a transmissão do estabelecimento. A forma de transmissão tem de ser obviamente distinta, conforme seja, por exemplo, *mortis causa* ou *inter vivos*.

E que dizer deste assunto, na perspectiva do direito comparado?

O art. 1.°, n.° 1, al. a) da Directiva (2001/23/CE), ao dar o conceito de transmissão ("transferência", no texto da lei), alude ao facto de a transferência poder resultar de uma "cessão convencional" ou de uma "fusão". E, nos termos do segundo parágrafo da al. c) do n.° 1 da mesma norma, o legislador comunitário exclui, expressamente, do conceito de transmissão, "a reorganização administrativa de instituições oficiais ou a transferência de funções administrativas entre instituições oficiais".

Se esta segunda situação se afigura simples de interpretar, a primeira, nem tanto. Com efeito, fica claro que não integram a noção ampla de transmissão, a que nos temos estado a referir, todas as situações recondutíveis à previsão da alínea c)[143]. Em causa está o facto de, em tais hipóteses, o objecto a transmitir não ser uma empresa, estabelecimento ou parte do estabelecimento, na acepção da Directiva, de acordo com a jurispru-

---

[143] Designadamente, a cessão de elementos do património de uma sociedade para outrem, desde que não constituam "unidade económica", na acepção da Directiva.

Capítulo II 91

dência do Tribunal de Justiça. Mas já não é líquida a interpretação da alínea a). Face à ausência de uma delimitação rigorosa dos conceitos de empresa e de transmissão, são inúmeras as dúvidas ou perguntas que aquele inciso levanta.

Pergunta-se: será exigível que a transmissão da empresa ou estabelecimento decorra de uma relação contratual? E, havendo um hiato temporal, entre a transmissão da empresa e o reinício da actividade pelo cessionário, há, ainda assim, transmissão? E, para os efeitos de determinação da forma de transmissão, qual a relevância da inexistência de uma relação directa entre transmitente e transmissário?

Na busca da solução destas e doutras inquietações inerentes à forma como se opera a transmissão de empresas ou estabelecimentos, o TJCE possui uma vasta jurisprudência, em parte já referida neste trabalho, que importa revisitar.

Quando chamado a pronunciar-se sobre a exigência (ou não) de a transmissão efectuar-se no contexto de uma "cessão convencional" ou "fusão", o Tribunal de Justiça apresentou sempre uma interpretação bastante flexível. No essencial, o órgão jurisdicional comunitário tem vindo a considerar que por "cessão convencional" ou "fusão" (al. a) do n.° 1 do art. 1.°) deve entender-se qualquer transferência realizada através, não só, de um vínculo contratual, mas também de um acto legislativo, administrativo ou de uma decisão judicial[144]. Por conseguinte, o que releva, para o TJCE, é a existência de uma relação contratual, independentemente da sua forma e validade, que consubstancie a mudança da titularidade de uma empresa ou de um estabelecimento, de um sujeito para outro. O novo titular, assumindo a qualidade de nova entidade empregadora, constitui a garantia da prossecução dos objectivos da Directiva.

O objectivo geral da Directiva é garantir idêntica "protecção aos trabalhadores em caso de mudança de empresário especialmente para assegurar a manutenção dos seus direitos" – assim se estatui no terceiro considerando da Directiva. O regime jurídico da transmissão da empresa ou estabelecimento, consagrado no art. 26, visa concretamente a protecção dos trabalhadores, garantindo-lhes a manutenção dos respectivos postos de

---

[144] Nesse sentido, veja-se o acórdão Stichting, caso previamente analisado: *"Qualquer alteração num quadro de relações contratuais da pessoa singular ou colectiva responsável pela exploração da empresa e que constitua a entidade patronal dos trabalhadores que nela trabalham"*.

92 A Transmissão da Empresa à Luz da Lei do Trabalho Moçambicana

trabalho. Por isso, é apto a produzir estes efeitos, qualquer acto ou facto que envolva a transferência da exploração da empresa, estabelecimento ou parte deste. Mesmo se não houver a transferência de propriedade, os trabalhadores afectos àquela unidade "encontram-se na mesma situação dos empregados de uma empresa alienada, tendo portanto necessidade de protecção equivalente"[145]. Por conseguinte, e para concluir, é indiferente a existência ou não de título de transmissão, ou a sua natureza, bastando, para que haja transmissão, que a empresa transite de um titular para outro, conserve a sua identidade e prossiga a respectiva actividade.

Resolvida a questão do sentido a atribuir-se à expressão "mudança da titularidade de uma empresa ou estabelecimento" (art. 26) e outras equivalentes, nomeadamente – "em caso de transmissão, por qualquer título" (art. 318.°, n.° 1 CT) ou "quer a transferência resulte de uma cessão convencional quer de uma fusão (art. 1.°, n.° 1, al. a) da Directiva n.° 2001/ /23/CE) – vamos debruçar-nos sobre a segunda pergunta formulada. Que consiste em descortinar se há transmissão, no caso de verificar-se uma interrupção *temporária* da actividade, entre a transferência e o recomeço da actividade.

A lei moçambicana não trata expressamente desta matéria. Não obstante, tomámos conhecimento de acções em curso, nos tribunais nacionais, intentadas por trabalhadores, sobretudo, da função pública que, no quadro da reversão, nacionalização ou reestruturação do sector empresarial do Estado, foram destacados para prestar trabalho em comissão de serviço, designadamente em E.E.. Outros são casos de trabalhadores de EE que, no processo de reestruturação, ficaram sem emprego e, ao mesmo tempo, não receberam qualquer indemnização. Ficcionando um desses casos, vejamos o que se passou, concretamente, com P.

P, em 1976, contava 5 anos de serviço no Aparelho do Estado. Em pleno comício, foi-lhe dito para apresentar-se na E.E. a fim de exercer funções de chefe de produção. Mais tarde, recebeu uma guia de marcha e foi iniciar a sua actividade. Não celebrou qualquer contrato. Após longos anos de serviço (mais de 10), a E.E., no processo de privatização, foi alienada pelo Estado a um privado. Refira-se que, quando o processo de alienação iniciou, a empresa encontrava-se paralisada havia 2 anos. Já que P, em comissão de serviço, não tinha um vinculo contratual formal – referimo-

---

[145] Assim se decidiu no *Caso Stichting* – *vide* supra.

Capítulo II 93

-nos a um contrato de trabalho em comissão de serviço – não constava do quadro de pessoal da empresa. E mais, o adquirente da E.E. tinha o seu chefe de produção. Com a cessação da comissão de serviço (que é o que nos parece suceder, no presente caso), terminou também a sua relação de trabalho[146] com a E.E. Ninguém disse nada a P, nem antes da alienação, nem depois desta.

Em nosso entender, há aqui transmissão da empresa, pelo que, de forma automática, deveriam também transferir-se para o cessionário todas as posições contratuais existentes na altura da transmissão, incluindo, obviamente, a de P. Não foi o que sucedeu.

Perante tal situação, de duas uma: ou P teria de apresentar-se na instituição, com a qual tinha vínculo laboral, antes do destacamento; ou, admitindo ser trabalhador da empresa vendida, apesar da falta de contrato escrito, reclamar os seus direitos junto do adquirente da E.E.. Entre esses direitos, destaca-se a manutenção do posto de trabalho e dos direitos que lhe estão subjacentes. P, como invariavelmente sucedia em casos do género, nem sequer recebera o aviso prévio da venda da E.E..

Foi apresentar-se no seu anterior local de trabalho, onde recebeu a informação de que não existia previsão, no quadro de pessoal da instituição, entretanto aprovado, para a sua (re)integração, nem provisão orçamental para o efeito. Consequência: disseram-lhe que deveria aguardar. Mas, não lhe informaram o que é que deveria aguardar. Por quanto tempo? Onde? De que forma? Por estas e muitas outras preocupações, sem solução à vista, P optou por intentar uma acção indemnizatória num dos tribunais cíveis (ainda não há, entre nós, tribunais de trabalho).

É nossa convicção que, no caso hipotizado, assiste ao trabalhador o direito de ser ressarcido. Parece-nos que a situação pode ser comparada aos casos em que o contrato é omisso quanto à cessação da comissão de serviço. Já que a nossa lei estabelece a presunção de existência da relação jurídica laboral "pelo simples facto de o trabalhador estar a executar uma determinada actividade remunerada com conhecimento e sem oposição da entidade empregadora" (art. 5, n.º 2). Bastando, para o efeito, P provar ter estado a prestar actividade remunerada para a E.E., ora alienada, até à altura da sua alienação. O caso está no Tribunal Supremo, porque o Tri-

---

[146] Com solução idêntica (pese embora, em contexto distinto), a previsão do n.º 2 do art. 245.º CT em que a falta de redução a escrito do acordo determina a manutenção

94   *A Transmissão da Empresa à Luz da Lei do Trabalho Moçambicana*

bunal de 1.ª instância considerou a acção intempestiva, por caducidade, nos termos do art. 71, n.° 5[147].

O Tribunal de Justiça, mesmo nos casos em que há uma interrupção, entre a transmissão e o reinício da actividade, tem estado a considerar haver transmissão, para os efeitos e na acepção da Directiva. Nesse sentido, decidiu no caso *Spijkers*[148]. Neste, não obstante não ter sido transmitida a clientela e o aviamento, e apesar de o estabelecimento ter estado durante cerca de dois meses sem funcionar, o TJCE considerou ter, mesmo assim, havido transmissão, porque tanto os trabalhadores como as instalações continuaram à disposição do adquirente. Pelo que, nessa medida, a empresa manteve a sua identidade económica.

Em Portugal, ainda no âmbito do revogado art. 37.° LCT, há a registar algumas decisões judiciais negando a aplicação desta norma nos casos em que se verifica um encerramento temporário entre a transmissão e o recomeço da actividade[149]. Quer parecer-nos, porém, que esta questão já ficou ultrapassada, com a transposição para o ordenamento jurídico português da Directiva, a quando da aprovação do Código do Trabalho. A jurisprudência do Tribunal de Justiça, nesta matéria, é no sentido de desvalorizar o encerramento temporário, considerando existir transmissão, porque os trabalhadores, apesar da interrupção, continuam disponíveis para prestar a respectiva actividade. Uma coisa é certa: os períodos de encerramento variam muito de caso para caso. E não consta de nenhum dos acórdãos que analisámos qualquer delimitação temporal, pelo que a dúvida subsiste. Trata-se de uma questão que, em trabalhos futuros, poderemos retomar.

Finalmente, consideremos a última das três perguntas acima feitas: qual a relevância da inexistência de uma relação directa entre o cedente

---

[147] *"A impugnação da justa causa de rescisão deve ser feita no prazo de trinta dias a partir da data de notificação e será decidida pelos órgãos de jurisdição laboral de harmonia com as circunstâncias do caso".* Como este, são vários os casos em curso no TS em que trabalhadores "despedidos", no quadro da transmissão de empresas ou estabelecimentos, reclamam indemnizações.

[148] Proc. 24/85, de 18.03.86, *in "Colectânea de Jurisprudência ..."*, 1986, pp. 1119. No mesmo sentido se decidiu no caso *P. Bork Internacional* anteriormente tratado.

[149] *Vide*, entre outros, o Ac. RL, de 19.1.1994; Col. Jur., 1994, 1.°-168, segundo o qual *"(...) provando-se que um estabelecimento que estivera encerrado, vazio de bens ou equipamento, sem qualquer laboração cerca de um ano, fora penhorado e posteriormente vendido através do processo executivo, mediante negociação particular, não se verifica o pressuposto da aplicação do citado art. 37.°"*

e o cessionário? Ou, ainda, entre os sucessivos cessionários, no caso de mera cessão ou reversão da exploração do estabelecimento? Sobre esta matéria, a nossa lei é igualmente omissa. Os tribunais nacionais tendem a aplicar, com as necessárias adaptações, o que depreendem de posições doutrinárias ou jurisprudenciais de legislação estrangeira. Convém lembrar o que dissemos anteriormente. No processo da nacionalização e, recentemente, no quadro da privatização/reestruturação do sector empresarial do Estado, a transmissão de empresas e instalações deu-se, em muitos dos casos, sem qualquer relação directa entre cedente e cessionário.

No caso Daddy's Dance Hall como noutros casos – destaque para os casos P. Bork International e Aye Süzer, pela sua semelhança –, o TJCE decidiu favoravelmente quanto à existência de transmissão, não obstante a mudança da titularidade da empresa se processar em duas fases, e sem qualquer relação directa entre cedente e cessionário. Admitindo-se, inclusivamente, que a concretização da transmissão seja por intermédio de terceira pessoa. Suficientemente esclarecedor, no contexto, é o acórdão Daddy's Dance Hall: *"quando a empresa é primeiro transferida do locatário inicial para o proprietário que a transfere, numa segunda fase, para o novo locatário (...), os trabalhadores estão numa situação idêntica à decorrente de uma transferência directa, tendo pois, direito a uma protecção equivalente"*[150]. Sustentando idêntica posição o TJCE, no caso P. Bork Internacional, decidiu que também houvera transmissão. Para o efeito, aquele órgão jurisdicional não considerou relevante a ocorrência de uma interrupção temporária entre o contrato de cessão de exploração e a aquisição da fábrica, nem o facto de a transmissão ter-se processado em duas fases, sem que houvesse uma relação contratual directa entre o *transmitente* e o *transmissário*. Não é, pois, relevante, para o efeito, saber se existe ou não uma relação de direito (e directa) entre os sucessivos cessionários[151]. No mesmo sentido, lê-se no acórdão Ayse Süzen[152]: "para que a directiva seja aplicável, não é necessário que existam relações contratuais directas entre o cedente e o cessionário, já que a cedência pode tam-

---

[150] JOANA SIMÃO, *"A transmissão de estabelecimento ..."*, cit., p. 209.

[151] MÁRIO PINTO/FURTADO MARTINS/NUNES DE CARVALHO, *Comentário...*, cit., p. 177. No mesmo sentido, JÚLIO GOMES, *"A jurisprudência recente ..."*, cit., p. 514.

[152] Proc. C-13/95, Ayse Süzen *versus* Zehnacker, *"Colectânea de Jurisprudência..."*, Parte I, 1997, pp. 1261 ss.

96 *A Transmissão da Empresa à Luz da Lei do Trabalho Moçambicana*

bém efectuar-se em duas fases, por intermédio de um terceiro, como o proprietário ou o locador". Indispensável é a verificação dos critérios que indiciam a manutenção da unidade económica, nos termos anteriormente anunciados.

Este posicionamento do TJCE visa, essencialmente, alcançar o fim último da Directiva – garantir a manutenção dos direitos dos trabalhadores, em caso de mudança de empresário. Sendo irrelevante a participação directa do cedente e do cessionário. Na verdade, seria muito restritiva a interpretação de que a Directiva só se aplica aos casos de transmissão directa. Deixaria de fora muitas situações de transmissão, mormente as atinentes à cessão ou reversão da exploração da empresa ou estabelecimento.

No direito espanhol, com ligeiras diferenças – sobretudo as que derivam do facto de que o objecto a transmitir poderia ser um "centro de trabalho" – mesmo antes da transposição da Directiva (2001/23/CE) admitia-se a transmissão de "parte do estabelecimento", com ou sem hiato temporal.

7.2. *O direito de oposição*

Estabelece o art. 26, n.° 2, que *"Havendo transmissão de um estabelecimento de uma entidade empregadora para outra, os direitos e obrigações emergentes dos contratos de trabalho e dos instrumentos de regulamentação colectiva existentes passam para a nova entidade empregadora".*

Significa que, em caso de mudança da titularidade da empresa, o adquirente passa a ocupar a posição contratual que, nos contratos de trabalho e IRCT existentes à data da transmissão do estabelecimento, cabia ao transmitente. Assume, assim, o primeiro, por força da lei, a qualidade de empregador e os direitos e obrigações emergentes dos contratos (individuais e colectivos). Trata-se de uma norma geral e imperativa, mas que, ainda assim, conhece algumas excepções:

A *primeira excepção*, refere-se aos contratos de trabalho que tenham, *legalmente*[153], cessado, à data da transmissão, cujos direitos e obrigações não se transmitem ao adquirente (art. 26, n.° 3). *Prima facie*, parece tratar-

---

[153] A lei não se refere expressamente à extinção dos contratos nos termos legais. O que suscita fundadas dúvidas na sua interpretação.

Capítulo II 97

-se de uma referência despicienda, na medida em que se o contrato do trabalhador tiver já cessado, ao tempo em que a transmissão do estabelecimento se dá, é óbvio que não será objecto da sub-rogação legal no contrato. Na verdade, porém, não é tão evidente, assim. Senão, vejamos. Já que o texto legal não diz que os referidos contratos têm de ter cessado, *nos termos da lei*, pode suscitar-se a dúvida sobre se a excepção do n.° 3 do art. 26 abrange também os contratos extintos ilicitamente. É que da (eventual) impugnação da extinção ilícita do contrato de trabalho, por via de regra, resulta a obrigação de indemnizar a contraparte pela extinção irregular do contrato. A extinção, essa, não obstante ser ilícita, é de todo em todo eficaz. A solução passa, pois, por fazermos uma interpretação correctiva do preceito, considerando que a ressalva do legislador se reconduz aos contratos que tiverem cessado licitamente. No caso oposto (cessação ilícita), tudo se passa como se os contratos extintos ilicitamente, à data da transmissão do estabelecimento, estivessem em vigor.

Imaginemos que, à data da transmissão da empresa, **A**, trabalhador de **B**, tinha sido despedido ilicitamente (por motivo imputável à entidade empregadora). Por esse motivo, **A** não se encontrava em funções, a quando da transmissão. Aparentemente, não se transmitem os direitos e obrigações relativos ao contrato de **A**, porque o seu contrato de trabalho estava extinto, na altura da cessão da posição contratual de **B** para **C** (cessionário). É evidente que, por o contrato de **A** ter cessado ilicitamente, por motivo imputável a **B**, a solução é outra. Estamos aqui perante um despedimento ilícito que, nos termos da lei, confere ao trabalhador, além do direito à rescisão do contrato de trabalho com justa causa, o direito à reintegração no seu posto de trabalho e, cumulativamente, à percepção dos salários intercalares (arts. 66, n.° 5 e 68). Nestas circunstâncias, a lei confere ao trabalhador a faculdade de optar entre a reintegração e a indemnização a ser paga pelo empregador por ter dado causa à contraparte para a rescisão, por justa causa, do contrato de trabalho. Deste modo, sempre assistem ao trabalhador (A) os direitos supra referidos, de entre os quais o de manutenção do posto de trabalho. Por conseguinte, justifica-se a ressalva feita pelo legislador, ainda que em termos pouco explícitos.

A *segunda excepção*, tem a ver com os casos em que os trabalhadores optem por rescindir ou denunciar, unilateralmente, os respectivos contratos de trabalho, nos termos do art. 26, n.° 1; ou por estabelecer um acordo com o transmitente no sentido de se excluir a transmissão dos seus contratos de trabalho; ou ainda, na situação em que o transmitente e o trans-

98 A Transmissão da Empresa à Luz da Lei do Trabalho Moçambicana

missário estreitam um acordo para excluir a transmissão de contratos de trabalho. Estas duas últimas situações (acordos) não estão consagradas expressamente na nossa lei. Defendemos a sua aplicabilidade, por duas razões. Uma: porque, comparativamente à rescisão ou denúncia do contrato, constituem um mal menor. Segunda: porque se enquadram dentro da autonomia contratual das partes.

Analisemos, sumariamente, cada uma das três situações supra hipotizadas:

• Quando o trabalhador opta pela *rescisão/denúncia* do contrato de trabalho – os direitos e obrigações emergentes do contrato não se transferem do transmitente para o adquirente, por o contrato ter já cessado, nos termos legais, ao tempo em que a transmissão do estabelecimento ocorre. Temos as nossas reservas quanto à aplicação da *denúncia* nesta circunstância. Voltaremos ao assunto, lá mais para frente;

• Havendo um *acordo prévio entre o transmitente e o trabalhador*, no sentido de o contrato de trabalho deste não acompanhar a vicissitude da cessão legal do contrato de trabalho inerente à transmissão do estabelecimento. Na sequência desse acordo, em princípio, o trabalhador manter-se-á ligado ao cedente, pelo que os direitos e obrigações emergentes do seu contrato não se transmitem. Continuam na esfera jurídica do transmitente. Dizíamos, há pouco, "em princípio", pois, em nosso entender, nada impede que as partes celebrem um acordo revogatório (art. 64), mormente, nos casos em que o acordo é ajustado por motivos ponderosos por parte do trabalhador (v.g.: a existência de algumas *incompatibilidades* entre este e a nova entidade empregadora).

• Por último, se houver um *acordo prévio entre o transmitente e o adquirente*, para excluir a transmissão de contratos de trabalho. Nesta situação, os trabalhadores signatários desses contratos continuarão ligados ao anterior empregador (transmitente), *quiçá*, em algum dos seus estabelecimentos. Os trabalhadores, em todo o caso, sempre poderão rescindir o contrato de trabalho invocando a existência de prejuízo sério, que pode advir da alteração unilateral do local de trabalho, bem como da falta de confiança no novo empregador. Refira-se que a eficácia deste acordo se limita às relações entre o transmitente e o adquirente, não afectando a posição dos trabalhadores. Mesmo que um dos contraentes (transmitente/adquirente) não

Capítulo II 99

o cumpra, o inadimplemento não afecta os direitos dos trabalhadores, que estão legalmente salvaguardados. Pelo que, por via do sobredito acordo, os contratos dos trabalhadores em causa permanecem na esfera jurídica do transmitente.

Cumpre, antes de mais, considerar que, face à modificação (subjectiva) da entidade empregadora – e porque dessa alteração, por vezes, decorre igualmente uma modificação objectiva das condições contratualizadas – o trabalhador sempre poderá rescindir o contrato de trabalho com justa causa, fundada na alteração substancial das condições de trabalho (art. 437.º CC). Sucede que, entre nós, é a própria lei do trabalho que reconhece ao trabalhador a faculdade de rescisão ou denúncia do contrato, no caso de haver "mudança de titularidade da empresa ou estabelecimento" (art. 26, n.º 1); ainda que o faça de forma pouco explícita, como veremos.

7.2.1. *Rescisão ou denúncia do contrato, por iniciativa do trabalhador*

Nos termos do art. 26, n.º 1, "a mudança de titularidade de uma empresa (...) não implica *necessariamente*[154] a rescisão ou denúncia dos contratos de trabalho". Parece-nos pacífica a interpretação segundo a qual, *a contrario*, esta norma permite ao trabalhador rescindir ou denunciar o respectivo contrato de trabalho, em caso de cessão da posição contratual da entidade empregadora. Dúvidas existem quanto à legalidade da interpretação deste trecho legal, como o faz uma parte da doutrina nacional, no sentido de que a rescisão ou denúncia pode mesmo ser fundada na própria transmissão. Discordamos dessa forma de análise do art. 26, n.º 1.

Efectivamente, a interpretação desta norma tem de fazer-se no contexto da transmissão do estabelecimento e, sobretudo, tendo em conta o escopo da mesma. Se considerarmos que, com a regra do art. 26, se pretende proteger o trabalhador contra possíveis prejuízos emergentes da mudança de titularidade da empresa, a possibilidade de o trabalhador opor-se à transmissão do seu vínculo contratual, poderá assentar em dois fundamentos. Por um lado, evitar que a transmissão se transforme em mais uma forma de cessação (legal) do contrato de trabalho – o que compro-

---

[154] O sublinhado é nosso.

A *Transmissão da Empresa à Luz da Lei do Trabalho Moçambicana*

meteria o seu objectivo final, que é garantia da manutenção do emprego e de uma empresa funcional. Por outro, por representar o respeito pelos direitos fundamentais do trabalhador, *maxime*, o direito à liberdade contratual (art. 405.° CC). Em todo o caso, e para um estudo mais minucioso, vamos em seguida analisar o que sobre a matéria existe tanto na doutrina como na jurisprudência estrangeira e nacional.

Para o efeito, retomemos a pergunta sobre se pode o trabalhador, licitamente, opor-se à transmissão do seu contrato de trabalho, mantendo (ou não) a sua relação laboral com o transmitente. Se a resposta for negativa: como se explica, então, que a lei possa impor ao trabalhador uma nova entidade empregadora, sendo certo que, na prática, isso pode não ser indiferente?

À partida, julgamos ser defensável a interpretação *a contrario* do art. 26, n.° 1, que propusemos. No essencial, este entendimento não contraria, em nossa opinião, o principal objectivo do artigo – proteger o trabalhador, garantindo a manutenção do emprego, em caso de modificação do titular do estabelecimento e a continuidade da actividade. Com efeito, o reconhecimento ao trabalhador do direito de rescisão ou denúncia do contrato de trabalho, nesta situação concreta, constitui uma garantia de defesa dos interesses do mesmo, no quadro de transmissão da empresa onde presta serviço, designadamente nos casos de má situação financeira do cessionário. No entanto, como referimos antes, não temos por certo que o trabalhador possa rescindir o contrato de trabalho sem justa causa, ou seja, denunciando-o.

O art. 26 não esclarece se o trabalhador, para rescindir ou denunciar o contrato, deve alegar e provar interesses legítimos prejudicados pela cessão da posição contratual fruto da transmissão, total ou parcial, do estabelecimento onde trabalha. O preceito limita-se a indicar a *rescisão* e a *denúncia* como formas de extinção do contrato de trabalho a que o trabalhador pode lançar mão. Por outro lado, a referência legal a essas formas de cessação faz-se em termos alternativos como se a opção por uma ou por outra fosse juridicamente indiferente ou irrelevante. Reconhecemos que a cessação do contrato de trabalho, por iniciativa do trabalhador, é sempre possível, quer através da rescisão com aviso prévio (art. 67, n.° 1), quer por intermédio da denúncia contratual, entre nós, também com aviso prévio (art. 65). A ausência não justificada do sector de trabalho, por período superior a quinze dias consecutivos, a lei qualifica-a como "presunção de abandono de lugar", podendo dar lugar ao competente processo disciplinar (art. 45,

Capítulo II 101

n.º 3). Não prevê a lei laboral moçambicana a faculdade de denúncia do contrato de trabalho, senão no período probatório (art. 65) cuja epígrafe, ainda assim, é "*rescisão* por qualquer das partes durante o período probatório".

Discute-se, entre nós, se os arts. 65 e 67 regulam a *denúncia* e a *rescisão do contrato de trabalho, por iniciativa do trabalhador, sem justa causa*, respectivamente. Ou se, pelo contrário, tratam ambos da rescisão (resolução) do contrato de trabalho, como parece poder depreender-se das respectivas epígrafes e da exigência do aviso prévio, por força do que dispõe o art. 62, n.º 2[155], em ambas as situações.

A denúncia, em regra, como forma de cessação do vínculo contratual, é *ad nutum*, isto é, não carece de qualquer fundamento. Mas, na lei moçambicana, não tem eficácia imediata, pois os seus efeitos só se produzem a partir do conhecimento da cessação por parte do outro contratante, mediante documento escrito.

A rescisão do contrato de trabalho por iniciativa do trabalhador, com aviso prévio, ao contrário da denúncia, é motivada, pois implica a verificação de um facto superveniente que justifique a cessação do contrato. Deste modo, a "rescisão com justa causa" tem de ser vinculada e sujeita a um aviso prévio com uma antecedência, legal ou convencionalmente, definida. No caso do art. 67, esses prazos constam do seu n.º 3, quando se trate de contrato por tempo indeterminado.

A epígrafe do art. 65 refere-se à "rescisão [do contrato de trabalho] por qualquer das partes durante o período probatório". Mesmo ignorando a imprecisão do seu texto[156], da leitura e da interpretação desta norma, conclui-se que qualquer dos contraentes, durante o período experimental, goza da faculdade de fazer cessar a relação de trabalho a que está vinculado, sem necessidade de apresentar causa justificativa. O dever de "comunicar por escrito os motivos da rescisão", previsto no inciso final do

---

[155] *"Os efeitos jurídicos da cessação do contrato de trabalho produzem-se a partir do conhecimento da mesma por parte do outro contraente, mediante documento escrito".*

[156] *"No decurso do período probatório, tanto a entidade empregadora como o trabalhador podem rescindir unilateralmente o contrato de trabalho, <u>sem quaisquer formalidades, devendo apenas comunicar por escrito os motivos da rescisão</u>".* O sublinhado é nosso. Esta formulação, a nosso ver, encerra alguma contradição: a comunicação não obedece a formalidades, mas deve, por um lado, ser por escrito e, por outro, apontar os "motivos da rescisão" (motivada?).

102 A Transmissão da Empresa à Luz da Lei do Trabalho Moçambicana

artigo, cremos ter de interpretar-se apenas no sentido de que a "rescisão" (denúncia) não produz efeitos imediatos. A sua eficácia (e licitude) depende da observância de um aviso prévio. A fixação deste prazo destina-se a evitar que a contraparte suporte os efeitos nefastos de uma cessação contratual intempestiva. Como o preceito em análise não fixa qualquer prazo de aviso prévio, temos por certo que as partes poderão fazer cessar o contrato, a todo o tempo, desde que seja ao longo do período experimental. Esta situação, a bom da verdade, acaba prejudicando o efeito útil do aviso prévio, porque as partes até podem dar um aviso prévio de um dia (e, por que não, de uma hora!). Cremos que, de *iure condendo*, importa colmatar esta lacuna. Por conseguinte, somos de opinião que, no art. 65, o legislador teve em vista regular a denúncia do contrato de trabalho no período probatório, pese embora a *deficiência* do seu texto.

O art. 67 possui a epígrafe seguinte: "rescisão do contrato de trabalho por iniciativa do trabalhador". Nos termos do seu n.º 1, a cessação do contrato de trabalho por iniciativa do trabalhador depende da comunicação prévia desta, por escrito, ao empregador. O n.º 2 do mesmo preceito, sem referir-se, expressamente, à necessidade de alegar e provar a justa causa de rescisão, comina com o pagamento de uma indemnização ao empregador "pelos danos e perdas sofridos", salvo estipulação em contrário, os casos em que o trabalhador tem a iniciativa de rescindir o contrato de trabalho, sendo este por tempo determinado (entenda-se, contrato a termo certo). E se tiver celebrado um contrato por tempo indeterminado, a entidade empregadora não tem direito a indemnização por "perdas e danos"? A lei nada diz.

E a norma, em seguida, fixa o valor a pagar, à titulo de indemnização, em quantia correspondente "no máximo, aos salários a receber pelo tempo que faltar para o termo do contrato". De realçar que, uma vez mais, o legislador aqui também não determina qualquer prazo de aviso prévio, nem associa a obrigação de indemnizar à eventual violação do prazo de comunicação prévia da rescisão, contrariamente ao que se determina no n.º 5 do mesmo artigo. Note-se, ainda, que, neste último caso (n.º 5), a indemnização baseia-se na violação dos prazos de aviso prévio, previstos no n.º 3 do dispositivo, os quais são exigíveis em caso de rescisão unilateral, por iniciativa do trabalhador, do contrato por tempo indeterminado. Não tem, a nosso ver, ponta por onde se pegue. Há que reformular estes artigos.

Questiona-se, então, a razão desta dualidade de critérios. A um tempo, a iniciativa do trabalhador de rescindir o contrato de trabalho, por ser a

Capítulo II   103

termo certo, pune-se porque, potencialmente, gera "danos e perdas" ao empregador. Para, acto contínuo, e a outro tempo, a mesma decisão de rescisão unilateral do contrato de trabalho, sendo o contrato celebrado por tempo indeterminado, só ser punível havendo violação dos prazos de aviso prévio fixados no artigo em análise.

Em que circunstância(s) a rescisão do contrato de trabalho a termo certo, por iniciativa do trabalhador, cria "danos e perdas" para o empregador? A lei também não diz. Se o trabalhador comunicar, previamente, ao empregador que vai rescindir o seu contrato de trabalho a termo certo (art. 62, n.º 2), *"por necessidade de cumprimento de quaisquer obrigações legais incompatíveis com a continuação ao serviço"* (al. a) do n.º 3 do art. 66) pode, ainda assim, ser responsabilizado por aquele, por "danos e perdas sofridos? À letra do art. 67, n.º 2 parece ser afirmativa a resposta. Será legitimo? Pensamos que não. Situação que também, em nosso entender, julgamos ser de clarificar, de *iure condendo*.

Após este excurso pelo regime das formas de cessação do contrato de trabalho, por iniciativa do trabalhador (e não só), reiteramos a nossa dúvida inicial quanto à licitude de o trabalhador, em caso de transmissão da empresa, poder denunciar o contrato. Desta feita, olhando para soluções consagradas noutros ordenamentos jurídicos.

Ainda no âmbito da extinta Lei n.º 1952, BERNARDO LOBO XAVIER[157] defendia, como solução de princípio, a proibição de o trabalhador opor-se à transmissão da sua relação de trabalho, fazendo-a cessar através da rescisão com justa causa. No entanto, o Autor reconhecia existirem "situações em que a transmissão do estabelecimento podia constituir justa causa de rescisão pelo trabalhador, exemplificando, designadamente, com as hipóteses de má situação financeira ou má reputação da empresa ou pessoa para quem foi transferida a exploração".

Na esteira deste pensamento (parte final), e avançando motivos diferentes, considera FABRÍCIA HENRIQUES[158] que "(...) ao interesse na manutenção do posto de trabalho, seja a que título for, contrapõem-se outros valores, como sejam o interesse do trabalhador em ver respeitada a sua

---

[157] BERNARDO LOBO XAXIER, *Da justa causa de despedimento no contrato de trabalho*, Coimbra, 1965, p. 162, *apud* MÁRIO PINTO/FURTADO MARTINS/NUNES DE CARVALHO, *Comentário...*, cit., p. 182.

[158] FABRICIA HENRIQUES, *"Transmissão do estabelecimento e flexibilização das relações de trabalho "*, in *ROA*, Ano 61, Lisboa, Abril 2001, p. 994.

104 A Transmissão da Empresa à Luz da Lei do Trabalho Moçambicana

autonomia negocial (...) e o respeito que se impõe pela sua dignidade enquanto pessoa, aliás, concretizada na proibição do trabalho obrigatório consagrada no art. 4.°, n.° 2 da Convenção Europeia dos Direitos do Homem". Partilhamos desta posição. De facto, um dos factores por que se reconhece ao trabalhador o direito de oposição, cremos ser a necessidade, não só, de defender as condições de trabalho de que desfrutava antes da transmissão do estabelecimento, mas também, de reconhecer-lhe a dignidade de ser humano, assim se evitar a sua "coisificação".

O art. 3.°, n.° 1 da Directiva, primeiro parágrafo, prevê que *"Os direitos e obrigações do cedente emergentes de um contrato de trabalho ou de uma relação de trabalho existentes à data da transferência são, por esse facto, transferidos para o cessionário"*. Trata-se de uma regra imperativa, operando *ex lege*, pelo que não pode ser derrogada em prejuízo para o trabalhador.

Desta constatação decorre a dúvida seguinte: será que o reconhecimento do direito de o trabalhador opor-se à transmissão do seu contrato de trabalho colide com esta regra imperativa? De acordo com JÚLIO GOMES[159], "A única excepção admitida a este preceito injuntivo é o exercício, por parte do trabalhador, do seu direito de oposição. Assim, a transmissão dos contratos de trabalho na sequência de um fenómeno de transmissão do estabelecimento (ou de parte do mesmo) só poderá deixar de ocorrer numa única hipótese: a de o trabalhador se opor a tal transferência".

Nesta matéria, por seu turno, o Tribunal de Justiça tem-se pautado por uma posição de neutralidade. Defende, no essencial, que a protecção inserida na Directiva impõe um imperativo mínimo (um *minus*), pelo que compete ao direito nacional de cada Estado-Membro consagrar o direito de oposição. Reconhece, todavia, constituir um direito fundamental do trabalhador escolher a sua contraparte no contrato de trabalho, não podendo, por isso, ser coagido a manter uma relação com um empregador

---

[159] JÚLIO GOMES, *"O conflito entre ..."*, cit., pp. 166 ss.; e do mesmo Autor, *"A jurisprudência recente ..."*, cit., p. 488, n. 19, e pp. 517 ss. e LIBERAL FERNANDES, *"Transmissão do estabelecimento e oposição do trabalhador à transferência do contrato: uma leitura do art. 37.° da LCT conforme o direito comunitário"*, QL, Ano VI, n.° 14, 1999, pp. 213 ss. e CATARINA CARVALHO, *"Admissibilidade de um acordo entre transmitente e transmissário no sentido de excluir a transmissão de contratos de trabalho"*, in QL, Ano X – 2003, Coimbra Editora, Lda, p. 102.

Capítulo II 105

que não escolheu. Foi assim que aquele órgão comunitário decidiu no caso *Katsikas*[160].

Em síntese, os factos são os seguintes. Katsikas era cozinheiro num restaurante, na Alemanha, cuja exploração foi transferida, mediante contrato celebrado entre o cedente (Konstantinidis) e o cessionário (Mitossis). Estabeleceu-se nesse contrato que, a partir da data de transferência, o cessionário exonerava o cedente de todas as obrigações decorrentes da exploração do restaurante, em especial, do pagamento de salários e recrutamento do pessoal. Katsikas opôs-se à transferência da sua relação de trabalho para o cessionário, pedindo ao cedente que o colocasse num dos outros restaurantes que ainda explorava.

Passado pouco tempo, Mitossis despediu Katsikas. Este recorreu ao tribunal propondo contra Konstantinidis uma acção em que pedia o pagamento de certos valores referentes ao período anterior ao despedimento e por falta de aviso prévio. Konstantinidis defendeu-se alegando não ser já o empregador de Katsikas, na altura do despedimento, por ter transferido o restaurante para Mitossis e, por via disso, também a relação de trabalho com Katsikas[161].

O tribunal alemão, onde decorria a acção, solicitou ao Tribunal de Justiça para que se pronunciasse sobre a compatibilidade do direito de o trabalhador opor-se à transmissão do seu contrato de trabalho com a Directiva, considerando que a jurisprudência alemã reconhece esse direito.

O tribunal alemão baseou o seu pedido nos arts. 3.º, n.º 1 e 7.º[162] da Directiva (77/187/CEE). Pretendia saber se o art. 3.º, n.º 1 da Directiva é compatível com o direito de o trabalhador opor-se à transferência do seu contrato de trabalho ou, pelo contrário, esse direito deveria considerar-se um tratamento mais favorável ao trabalhador, nos termos do art. 7.º daquele mesmo diploma. E, em caso afirmativo, questionava, ainda, o tribunal alemão, se esse direito teria de ser expressamente previsto na legislação nacional ou, antes, poderia resultar da interpretação feita pelos

---

[160] Proc. C-132/91, Ac. e 16.12.92, *in "Colectânea de Jurisprudência ..."*, 1992, pp. 6577 ss.

[161] Cfr. MANUEL BAPTISTA, *"A jurisprudência do Tribunal de Justiça ..."*, cit., pp. 105 ss.

[162] Preceito em que se estatui: *"A presente directiva não prejudica a faculdade que os Estados-Membros têm de aplicar ou introduzir disposições legislativas, regulamentares ou administrativas mais favoráveis aos trabalhadores".*

106 *A Transmissão da Empresa à Luz da Lei do Trabalho Moçambicana*

tribunais nacionais, mais precisamente, pelo tribunal supremo de cada Estado-Membro[163].

Em relação ao art. 3.°, n.° 1, o TJCE começou por reiterar os objectivos da Directiva: garantir, no interesse do trabalhador, a estabilidade no emprego, em caso de transferência de empresas e permitir que a relação de trabalho constituída se mantenha com o cessionário nas mesmas condições existentes à data da transferência. Assim, a transmissão dos direitos e obrigações, do cedente para o cessionário, emergentes do contrato de trabalho ou da relação de trabalho, dá-se por força da lei, independentemente da vontade das partes, incluindo a do trabalhador. Por isso, o Tribunal de Justiça entendeu que a Directiva, nos precisos termos do artigo 3.°, n.° 1, não obriga o trabalhador a manter a relação de trabalho com o cessionário, pois se isso sucedesse, constituiria violação de um dos direitos fundamentais do trabalhador – a liberdade de escolher o seu empregador e a de não ser obrigado a manter uma relação de trabalho indesejada.

Face ao que o Tribunal de Justiça considerou nada obstar a que o trabalhador se oponha à transmissão dos seus direitos e obrigações para o cessionário. E entendeu, ainda, aquele órgão jurisdicional que compete à legislação dos Estados-Membros poder admitir a manutenção dessa relação de trabalho entre o trabalhador e o cedente, designadamente nos casos em que o primeiro se oponha à transferência do seu vínculo contratual para o cessionário. Tendo, então, concluído que cabe ao direito nacional de cada Estado-Membro determinar o que acontece à relação de trabalho na hipótese em que o trabalhador se recuse a mantê-la com o novo empregador. Este posicionamento final tem merecido críticas por parte de muitos estudiosos do direito, porque consubstancia um certo recuo no esforço de harmonização das legislações dos Estados-Membros. Além disso, consideram que assim se criou um campo fértil para as legislações nacionais decidirem a seu "belo prazer".

Neste sentido, o art. 2.°, n.° 2 da Directiva (2001/23/CE), considerando, por sua vez, que este diploma fixa um imperativo mínimo, atribui

---

[163] Refira-se que a jurisprudência do Supremo Tribunal da República Federal da Alemanha reconhece aos trabalhadores subordinados o direito de opor-se à transferência do seu vínculo laboral para o cessionário, em caso de transmissão de empresa em que prestam serviço. Posição esta fundada, segundo o Supremo Tribunal Federal Alemão, no § 613 a do BGB (Código Civil alemão) e em determinados princípios gerais de direito civil alemão, quais sejam a proibição de impor, na relação laboral, a aceitação de novo empregador (atenta a sua natureza *intuitu personae*) e a liberdade de escolha da profissão – *apud* Manuel Baptista, *"A jurisprudência do Tribunal de Justiça ..."*, cit., pp. 105-106.

ao direito nacional de cada Estado-Membro a competência de definir o contrato de trabalho ou a relação de trabalho, para efeitos de aplicação da Directiva. Em todo o caso, veda aos Estados-Membros a fixação de normas nacionais susceptíveis de excluir do âmbito de aplicação da Directiva os contratos ou as relações de trabalho "exclusivamente por motivo (*i*) do número de horas de trabalho, prestadas ou a prestar; (*ii*) da existência de um contrato de trabalho a termo ou de uma relação de trabalho temporário" (cfr. o n.° 2 do art. 2.° da Directiva). O mesmo teor de *reserva*, pensamos, poderia ter sido estabelecido quanto ao direito de oposição do trabalhador, em caso de transmissão de empresas.

Portanto, a consagração do direito de oposição do trabalhador, em caso de transferência da empresa ou estabelecimento, deve ser regulada segundo critérios definidos por cada Estado-Membro, porque a Directiva estabelece apenas o mínimo exigível.

E quanto à questão de saber se a atribuição do direito de oposição corresponde (ou não) a um tratamento mais favorável, à luz do art. 7.° da Directiva? O Tribunal de Justiça, atenta a sua própria jurisprudência, concluiu que as "disposições legislativas, regulamentares ou administrativas nacionais", para os efeitos da Directiva, equivalem às normas legislativas, regulamentares ou administrativas de cada Estado-Membro, de acordo com a jurisprudência dos tribunais nacionais.

A jurisprudência do Tribunal de Justiça, nesta matéria, distingue dois aspectos essenciais: a manutenção da relação de trabalho perante o cessionário, por um lado, da oposição do trabalhador a essa transmissão, caso este opte por não prosseguir a sua relação de trabalho com o transmissário, por outro. Certo sendo que o primeiro facto constitui o principal objectivo da Directiva, mas que se esgota no quadro das relações entre cedido e cessionário. O segundo efeito, sendo permitido pela Directiva (art. 3.°, n.° 1) possui como fundamento a autonomia privada, nomeadamente a autonomia contratual e a liberdade de escolher a entidade para a qual o trabalhador pretende prestar serviço. Não existe, pois, qualquer contradição, em termos jurídicos, entre estes dois aspectos. Por outro lado, estamos convictos de que se configura inadmissível, melhor, infundada, uma interpretação da Directiva em sentido contrário.

Perfilhamos a ideia de LIBERAL FERNANDES[164], quando considera que negar a faculdade de oposição ao trabalhador seria contrariar o objectivo

---

[164] LIBERAL FERNANDES, *"Transmissão do estabelecimento…"*, cit., p. 229.

108 A Transmissão da Empresa à Luz da Lei do Trabalho Moçambicana

da Directiva, já que isso significaria privar aquele de um meio que lhe permite evitar eventuais prejuízos decorrentes da mudança do empregador. E permitimo-nos concluir, desta sorte, parafraseando JÚLIO GOMES[165]: "a aceitação de um direito do trabalhador de se recusar à transmissão do seu contrato de trabalho, além de exprimir o reconhecimento da sua dignidade como pessoa e sujeito de direitos, é também o meio de lhe permitir controlar a conveniência dessa continuação, já que a continuação da relação laboral nem sempre é a solução concretamente mais favorável para o trabalhador".

Na lei espanhola, o regime não diverge substancialmente do da Directiva (2001/23/CE). Reconhece-se o direito de oposição, havendo justa causa de rescisão. Neste sentido o art. 50.°, n.° 1 ET elenca entre as causas justificativas da rescisão unilateral do contrato, a alteração substancial das condições de trabalho que redundem em prejuízo do trabalhador. Como escrevem ALONSO OLEA/CASAS BAAMONDE[166], "(...) o essencial e mais importante [para determinar a ocorrência de uma alteração substancial e perniciosa para o trabalhador] (...) é que as condições de trabalho passem a ser, notória e claramente, diferentes em relação às primitivas".

7.2.2. *Acordo entre o transmitente e o trabalhador*

À par do reconhecimento da faculdade de rescisão ou denúncia do contrato de trabalho, admite a doutrina um outro mecanismo de protecção do trabalhador, em caso de sub-rogação legal no contrato subjacente à transmissão da empresa. Trata-se da possibilidade de, antes da transmissão, e mediante acordo entre o prestador de trabalho e o transmitente, estabelecer-se que o primeiro vai continuar ao serviço do segundo noutro seu estabelecimento. O ponto é: será lícito esse acordo?

Divergem as posições doutrinárias. A nossa lei não é clara. Mas, salvo opinião contrária, nada impede que se inclua na previsão do n.° 1 do art. 26 – *"(...) não implica necessariamente"* – a possibilidade de celebração do referido acordo, nos termos da lei, entre o transmitente e o trabalhador. Mais discutível (embora, aparentemente, também admissível), é a hipótese de, no mesmo contexto da interpretação que estamos a fazer,

---

[165] JÚLIO GOMES, *"A jurisprudência recente ..."*, cit., p. 519.
[166] ALONSO OLEA/CASAS BAAMONDE, *Derecho...*, cit., p. 483.

Capítulo II   109

aceitar que o transmitente e o trabalhador celebrem um acordo revogatório, como já foi dito.

Existe uma diferença entre o direito de o trabalhador opor-se à transmissão, rescindindo ou denunciando o contrato de trabalho, em caso de transmissão do estabelecimento, e a admissibilidade da celebração de um acordo com o transmitente para a manutenção da sua relação laboral com este. Em todo o caso, o exercício do direito de oposição, por parte do trabalhador, não deve ser interpretado, em si mesmo, como uma manifestação da vontade de rescindir unilateralmente o contrato de trabalho. Mas é imprescindível, para o efeito, que as partes (transmitente/trabalhador) celebrem esse acordo. Na falta do mesmo, cremos ser inevitável a aplicação da regra injuntiva do art. 26 – a transmissão automática do contrato de trabalho, *ope legis*, do transmitente para o transmissário. A oposição tem de manifestar-se antes do acordo de transmissão do estabelecimento tornar-se eficaz em relação ao trabalhador. Este princípio geral vale, *mutatis mutandis*, para o caso do acordo entre transmitente e transmissário para excluir a transmissão de contratos de trabalho. Por isso, no sentido da economia de palavras, dá-se por integralmente reproduzida a sua aplicação a esse tipo de convenção.

Os princípios da autonomia contratual e da liberdade de escolha de profissão constituem fundamento bastante da faculdade de o trabalhador opor-se à transmissão do seu contrato, sem que isso possa ser interpretado como uma declaração de rescisão unilateral do mesmo. Com efeito, o prestador de trabalho pode até ter motivos para não mudar de empregador, nomeadamente se tiver dúvidas sobre a viabilidade da empresa do cessionário ou até não estar interessado em mudar de empregador. Deste modo, a oposição constituirá um meio pelo qual o trabalhador pode controlar a conveniência da manutenção do seu vínculo laboral com o cessionário, na medida em que esta nem sempre constitui a solução mais favorável ao trabalhador.

Por último, parece-nos contraditório estabelecer-se, por um lado, nos termos do art. 26, a garantia de protecção do trabalhador contra eventuais consequências negativas resultantes da transmissão do estabelecimento, para, por outro, não se reconhecer ao mesmo trabalhador a faculdade de se opor a uma transferência que lhe seja manifestamente prejudicial. Nesta última situação, apesar de tal não resultar da letra do art. 26, é incrível que tenha sido intenção do legislador não permitir ao trabalhador opor-se à transferência do seu contrato, continuando, por exemplo, ao serviço do seu

110 A Transmissão da Empresa à Luz da Lei do Trabalho Moçambicana

anterior empregador. Aliás, este artigo nem sequer rejeita liminarmente essa faculdade. *A contrario*, o trecho legal *"não implica necessariamente"*, constante do n.º 1 do artigo, pode significar que, reconhecendo-se ao trabalhador o direito de oposição, este pode optar por rescindir o contrato ou por manter-se ao serviço do transmitente. Para o caso até vale o princípio geral de direito: *quem pode mais, pode menos*. Não nos repugna, pois, esta (potencial) opção do trabalhador, porque, entre nós, até predomina a tese a favor do acordo[167], com o fundamento principal de tal solução ser, por sinal, menos gravosa, menos prejudicial, para o trabalhador, do que a da resolução do contrato.

No mesmo sentido, admitindo a possibilidade de celebração deste acordo entre o transmitente e o trabalhador, escrevem MÁRIO PINTO/FURTADO MARTINS/NUNES DE CARVALHO[168], e passamos a citar: "(…) defendemos que é possível o acordo entre o transmitente e o trabalhador no sentido de este se manter ao serviço daquele. O que é essencial é que tal acordo exista efectivamente", porque na sua falta, como já foi notado, aplica-se a solução legal. Mais adiante, os Autores concluem: "Não descortinamos qualquer razão válida que contrarie esta solução". Posição com a qual estamos de acordo.

No acórdão Europièces[169], o TJCE, embora reconhecendo a natureza imperativa da regra do art. 3,.º, n.º 1 da Directiva (77/187/CE)[170], disse não constituir um "obstáculo a que um trabalhador decida opor-se à transferência do seu contrato ou da sua relação e, desse modo, não beneficie da protecção que lhe concede a directiva". Impõe-se, porém, que essa decisão seja tomada livremente. Aliás, a interpretação segundo a qual o art. 3.º, n.º 1 da Directiva, que obrigaria o trabalhador a manter uma relação de trabalho indesejada, poria em causa direitos fundamentais do trabalhador. E conclui "(…) não pode estimar-se, como regra de princípio, que o exercício do direito de oposição à transferência de empregador implica uma diminuição dos direitos do trabalhador relativamente à situação em que estaria se fosse observado o conteúdo da Directiva".

---

[167] Em direito comparado consta de texto legal. Veja-se, por exemplo, o art. 319.º, n.º 1 CT.

[168] MÁRIO PINTO/FURTADO MARTINS/NUNES DE CARVALHO, *Comentário…*, cit., p. 182.

[169] Proc. C-399/96, *"Colectânea de Jurisprudência …"*, 1998, I, p. 6965.

[170] O texto da actual Directiva (2001/23/CE) é idêntico ao desta outra Directiva.

Por conseguinte, podemos concluir que o não reconhecimento do direito de oposição ao trabalhador, em caso de transmissão do estabelecimento, consubstanciaria uma violação de um dos principais objectivos visados pelo art. 26 – assegurar a protecção do trabalhador em caso de mudança da titularidade da empresa ou estabelecimento onde ele presta serviço. A faculdade de o trabalhador opor-se à transferência é um mecanismo de protecção que lhe permite evitar prejuízos emergentes da mudança de entidade empregadora.

7.2.3. *Acordo entre o transmitente e o transmissário*

Relativamente à possibilidade de acordo entre o transmitente e o adquirente no sentido de excluir a transmissão de contratos de trabalho, questiona-se, por um lado, a sua licitude, e, por outro, a relevância do consentimento do trabalhador.

Disse-se já que o art. 26, n.º 2 consagra uma regra injuntiva, que não pode ser afastada pela vontade das partes, sobretudo, em desfavor dos trabalhadores. Estamos, assim, perante uma transmissão automática, *ope legis*, da posição contratual do empregador (transmitente) para uma terceira pessoa – o adquirente/o novo empregador. Quer dizer: quando se transmite uma empresa, os trabalhadores, que nela prestam actividade, ficam vinculados ao adquirente, independentemente tanto da sua vontade como da vontade da antiga ou da nova entidade empregadora. Por isso se diz que o art. 26 consagra a teoria da empresa, segundo a qual o trabalhador está mais ligado à empresa do que aos diferentes empregadores que se vão sucedendo na exploração da mesma. Dito de outro modo: o trabalhador está mais ligado à empresa ou estabelecimento do que ao empresário. "Logo, transmite-se a empresa, transmitem-se com ela os contratos de trabalho"[171].

É, pois, neste contexto que BARROS MOURA[172] diz ser inconstitucional aquele acordo entre o transmitente e o adquirente da empresa, por "corresponder a uma posição unilateral da vontade do empregador, prescindindo do acordo do trabalhador, o que é contrário à contratualidade da relação e à liberdade de trabalho por ela garantida". E MOTA PINTO[173] con-

---

[171] COUTINHO DE ABREU, *A empresa e o empregador...*, cit., p. 47.

[172] *Ibidem*, p. 44, n. 103.

[173] MOTA PINTO, *Cessão...*, cit., pp. 88 ss.

112 A Transmissão da Empresa à Luz da Lei do Trabalho Moçambicana

trapõe explicitando que a desnecessidade do consentimento do trabalhador visa, por um lado, a protecção dos interesses da empresa, nomeadamente os conexos à continuação do funcionamento da unidade económica, em caso de mudança do seu titular e, por outro, estabelecer uma solução de equilíbrio, porque a imposição da subsistência da relação laboral, acaba sendo um benefício para o próprio trabalhador. Este vê assim assegurado o seu posto de trabalho e o direito ao emprego, direito fundamental constitucionalmente consagrado no art. 85, n.° 2 CRM.

Quanto à inconstitucionalidade do acordo, o argumento também não procede, visto que ao trabalhador é reconhecida a faculdade de rescindir ou denunciar, livremente, o contrato de trabalho (art. 26, n.° 1). Além disso, o efeito útil desse acordo consiste, precisamente, na manutenção do vínculo contratual com a anterior entidade empregadora. Significa, na prática, que o contrato de trabalho não vai sofrer qualquer modificação, nem sequer a subjectiva. Esta que, no caso da sub-rogação legal no contrato inerente à transmissão do estabelecimento, opera sem o consentimento do trabalhador. O que nos permite concluir que esse acordo não põe em causa nem a estabilidade no emprego (art. 85, n.° 2 CRM), nem o direito ao trabalho (art. 84, n.° 1 CRM), nem mesmo a liberdade negocial do trabalhador (arts. 84, n.° 2 CRM e 405.° CC)[174].

Por sua vez, JÚLIO VIEIRA GOMES[175], considerando o sobredito acordo entre o transmitente e o transmissário contrário ao objectivo principal da Directiva, expressou algumas reservas quanto à compatibilidade do direito de oposição com o direito comunitário. Para o Autor, o fim último prosseguido pela Directiva é garantir a manutenção e transmissão de todos os contratos de trabalho da empresa, estabelecimento ou parte deste para o cessionário. Ora, ao permitir-se que as partes possam estabelecer, por acordo prévio, a exclusão de alguns contratos de trabalho dessa transmissão, está a frustrar-se o efeito da transferência automática para o cessionário dos direitos e obrigações do cedente emergentes dos contratos de trabalho em vigor à data da transmissão da empresa ou estabelecimento. O que, na explicação do mesmo Autor, viola o disposto no art. 3.°, n.° 1

---

[174] Cfr., por todos, MÁRIO PINTO/FURTADO MARTINS/NUNES DE CARVALHO, Comentário..., cit., pp. 181-182.

[175] JÚLIO VIEIRA GOMES, *"O conflito entre a jurisprudência nacional ..."*, cit., p. 155.

Capítulo II 113

da Directiva (2001/23/CE), que é uma norma imperativa e, como tal, insusceptível de derrogação em sentido desfavorável para os trabalhadores. Não concordamos com este ponto de vista. Nesta hipótese, de facto, o trabalhador pode sempre opor-se à transmissão da posição contratual, optando pela resolução do contrato de trabalho, com justa causa e direito a indemnização. Basta, para o efeito, invocar e provar a justa causa da rescisão que, eventualmente, poderá ser a falta de confiança no transmissário ou a debilidade da sua situação financeira.

Por sua vez, o Supremo Tribunal de Justiça português, no acórdão do caso *Portucel*[176], foi chamado a pronunciar-se sobre a admissibilidade de os trabalhadores da "secção de sacos" da referida empresa se oporem à transmissão dos respectivos contratos de trabalho, ao abrigo da Directiva n.º 77/187/CEE e do art. 37.º LCT (ambos em vigor, a esse tempo), optando por continuar ao serviço da Portucel, a anterior entidade empregadora.

Os factos, em resumo, eram os seguintes: No quadro do processo de desmembramento da Portucel Industrial – Empresa Produtora de Celulose, S.A., envolvendo uma das secções do complexo industrial – denominada *"secção de sacos"* ou *"fábrica de sacos"*, foi constituída a empresa Sacocel – Sociedade Produtora de Embalagens e Sacos de Papel, L.da. Foram transferidos para esta unidade todo o equipamento, matérias-primas e produtos acabados pertencentes àquela secção. Passado algum tempo, e no âmbito desse desmembramento, a Portucel transferiu para a Sacocel os trabalhadores que prestavam a sua actividade na dita *"secção de sacos"*.

Os trabalhadores abrangidos pela decisão da mudança para a Sacocel manifestaram a sua oposição. E, antes de a mesma produzir os seus efeitos, interpuseram uma acção contra a Portucel pedindo: *a)* que se considerassem não verificados os pressupostos de aplicação do art. 37.º LCT; *b)* e que fosse declarada a manutenção dos respectivos vínculos laborais e, ao mesmo tempo, que a Ré fosse condenada a reconhecê-los como seus trabalhadores. Na hipótese de não proceder tal entendimento, os Autores pediam subsidiariamente: (*i*) que a sua transferência para a Sacocel fosse considerada um despedimento ilícito promovido pela Portucel; (*ii*) e que,

---

[176] Ac. do STJ, de 30 de Junho de 1999; Recurso n.º 390/98; Conselheiro Manuel Pereira (*Relator*), *apud* LIBERAL FERNANDES, *"Transmissão do estabelecimento ..."*, cit., pp.213-215.

114 *A Transmissão da Empresa à Luz da Lei do Trabalho Moçambicana*

por isso, esta fosse condenada a reintegrá-los com todos os seus direitos ou, alternativamente, a pagar-lhes a indemnização legal pela não reintegração.

O STJ, relativamente ao objecto do recurso, analisou dois problemas. O primeiro, referente à averiguação da existência, *in casu*, dos pressupostos da transmissão do estabelecimento, para efeitos do art. 37.º LCT. Questão de que não nos iremos ocupar, aqui e agora[177]. O segundo, tinha a ver com a faculdade de, à luz da Directiva n.º 77/187/CEE, os trabalhadores da *"fábrica de sacos"* poderem recusar a sua transferência para a Sacocel, permanecendo ao serviço da Portucel. Neste caso, o STJ, fazendo *jus* à posição dominante na doutrina e jurisprudência portuguesas, de então, rejeitou aos trabalhadores o direito de oposição à transmissão dos seus contratos de trabalho.

A este propósito, lê-se no sumário do supracitado acórdão: "Não resulta da Directiva do Conselho das Comunidades Europeias, de 14 de Fevereiro de 1977 (77/187/CEE), nem do art. 37.º da LCT, que aos trabalhadores da empresa ou estabelecimento transmitidos seja facultado oporem-se à substituição da entidade patronal, continuando vinculados à cedente ou transmitente, ainda que sem ou contra a vontade desta".

A tese aqui defendida pelo STJ não se conforma com o regime do direito comunitário aplicável à transferência de empresas, estabelecimentos ou parte destes. Contraria igualmente o entendimento do TJCE sobre a matéria, que reiteradamente vem defendendo a existência do direito de oposição. Independentemente desta jurisprudência recente do Tribunal de Justiça, caso se tenha na devida conta que o trabalho não é uma mercadoria, nem o trabalhador é uma coisa, facilmente se conclui que o mesmo não pode ser forçado a vincular-se a uma pessoa com quem não contratou. Mas, a esse tempo, faltava uma solução normativa, apesar de já predominar o consenso da primazia do direito comunitário sobre o direito nacional.

Hoje, com as alterações introduzidas pelo Código do Trabalho ao regime do direito anterior (art. 7.º LCT e 9.º LIRC), a solução seria diversa.

---

[177] Por se tratar de um assunto já tratado. Assim, em nosso entender, na situação *sub judice*, estão preenchidos os pressupostos da transferência de uma unidade económica, na acepção da Directiva, (mesmo à luz do art. 37.º LCT), de conformidade com a jurisprudência do TJCE. Trata-se da transferência de uma "parte do estabelecimento", porque dotada de autonomia organizativa, que se manteve em actividade e conservou a sua identidade. Logo, houve transmissão parcial da empresa ou estabelecimento.

Nos termos do art. 319.° CT, a permanência do trabalhador ao serviço da anterior entidade empregadora não depende de acordo nesse sentido, entre transmitente e transmissário, nem do acordo entre o trabalhador e o transmitente, mas sim, de uma transferência, desde que seja legalmente realizada, de acordo com os arts. 315.° e 317.° CT.

Da falta de consagração clara (quem sabe, expressa), no art. 26, do direito de oposição advém uma multiplicidade de posições doutrinárias e jursiprudênciais, na sua maioria, díspares. Tal facto conduz a que esse direito seja, reiteradamente, negado aos trabalhadores. Decorre, ainda, de tal situação que, o recurso ao exercício do direito de oposição, por parte do trabalhador, acarreta normalmente o risco do seu despedimento.

7.3. *O conteúdo das relações individuais e colectivas de trabalho*

O art. 26, n.° 2 dispõe que *"Havendo transmissão de um estabelecimento (...), os direitos e obrigações emergentes dos contratos de trabalho e dos instrumentos de regulamentação colectiva existentes passam para a nova entidade empregadora"*.

Em consonância com o disposto neste artigo, o transmissário ingressa, automaticamente, na posição jurídica antes ocupada pelo transmitente, no âmbito das relações individuais e colectivas de trabalho, na sequência da mudança da titularidade do estabelecimento. Tal efeito não pode ser afastado pelas partes, no negócio que serve de base à transmissão da empresa ou estabelecimento. Destarte, a cessão para o adquirente da posição dos contratos de trabalho, produz-se, *ipso iure*, ficando o transmissário da empresa ou estabelecimento sub-rogado, *ope legis*, na situação jurídica do transmitente. A eficácia da transmissão não depende da vontade das partes, nem do consentimento do trabalhador. Pelo que, e em função deste regime, pode concluir-se que a manutenção dos contratos de trabalho, quer individuais quer colectivos, não fica afectada pela transmissão do estabelecimento.

Nessa medida, cumpre averiguar *o que* se transmite. Ou, mais concretamente, impõe-se, indagar:

(i) Que direitos e obrigações emergem dos contratos individuais e colectivos de trabalho e que se transferem do transmitente para o adquirente?

116   *A Transmissão da Empresa à Luz da Lei do Trabalho Moçambicana*

(ii) Que margem de liberdade se reserva às partes para, no caso da transmissão do estabelecimento, alterar o conteúdo desses direitos e obrigações?

(iii) Consagra a lei o direito à inalterabilidade do conteúdo e dos termos da relação de trabalho?

(iv) Até que ponto o adquirente responde pelas obrigações assumidas pelo transmitente, no domínio das relações colectivas de trabalho?

Para responder a estas e tantas outras questões que poderão ser suscitadas quanto à determinação, em concreto, do *quid* que se transmite, em caso de transmissão da empresa ou estabelecimento ou da cessão da sua exploração, consideremos a seguinte hipótese:

A empresa Mega declarou falência em 2000 tendo-se mantido, ainda assim, em funcionamento "irregular e inconstante" até Dezembro de 2002, altura em que foi adquirida pela sociedade Saga. Os trabalhadores da Mega foram todos integrados na Saga. A situação financeira desta sociedade começou a degradar-se, volvidos cerca de três meses. A Saga deixou de honrar, a tempo, os seus compromissos perante terceiros. Em finais de Março de 2003, a Saga informou aos trabalhadores, reunidos em assembleia geral de trabalhadores, que iria proceder a um reajustamento salarial, passando a aplicar a todos os trabalhadores a tabela salarial em vigor na Saga. Os salários praticados pela Mega eram substancialmente mais elevados que os da Saga. Os dirigentes sindicais, aproveitando a ocasião, questionaram pelos seus direitos, bem como pelo cumprimento do acordo de empresa celebrado em 1999. Os técnicos de informática da Mega, que recebiam prestações adicionais ao salário, exigiram à nova entidade empregadora a sua regularização, pois não os recebiam desde Janeiro daquele ano. O ex-director comercial da Mega solicitou o pagamento de 5% sobre o volume de vendas mensais, que a anterior empresa prometera efectuar, a partir de Fevereiro de 2003. A sociedade SF, que fornecia matérias-primas à Mega, pediu também a regularização de dívidas referentes a fornecimentos realizados nos meses de Novembro e Dezembro de 2002. *Quid juris*?

A declaração de falência do empregador não determina, por si só, a caducidade dos contratos de trabalho dos respectivos trabalhadores, mormente se a empresa continuou a funcionar, tendo sido mais tarde adquirida por outro empregador. Por conseguinte, está-se, na presente situação, perante uma transmissão do estabelecimento, para efeitos da lei do trabalho. A resolução da questão em apreço, por razões meramente académicas, não se confinará aos limites (bem restritos) da LT[178]. Alargaremos o quadro normativo à legislação estrangeira aplicável, bem como a posições da doutrina e jurisprudência dominantes.

Por via de regra, não se transmitem para o adquirente os contratos de trabalho que, à data da transmissão do estabelecimento, haviam já deixado de vigorar, nos termos legais. Também não se transferem os contratos de trabalho dos trabalhadores que, por via de acordo entre o transmitente e o adquirente, tiverem sido excluídos da transmissão. Sendo admissível, ainda, que o cedente e os trabalhadores estabeleçam entre si acordo nos termos do qual estes se mantêm ao serviço do primeiro, num outro estabelecimento. Assim sendo, também se excluem os respectivos contratos de trabalho, permanecendo aqueles ao serviço do anterior empregador. Por último, em geral, não se transmitem para o adquirente, ao menos, automaticamente, as relações não laborais que o cedente mantinha com terceiros.

No essencial, a empresa Saga adquire, por força da transmissão, um complexo de direitos e obrigações, que, à data da transmissão, integram o conteúdo dos contratos individuais e colectivos de trabalho dos trabalhadores da Mega. Assume aquela as situações jurídicas de trabalho emergentes das relações individuais e colectivas de trabalho. Se é certo que a subsistência das condições contratuais acordadas não é posta em causa pela alteração da titularidade da empresa, certezas não existem quanto à inalterabilidade do conteúdo dos contratos, após a transmissão. Por outras palavras, a manutenção dos contratos de trabalho não é afectada pela transmissão do estabelecimento, mantendo os trabalhadores da Mega as condições de trabalho de que desfrutavam anteriormente.

I – Relativamente à *primeira pergunta*, pode, assim, dizer-se que, face à transmissão do estabelecimento, a posição que dos contratos de trabalho (individuais e colectivos) decorre para a Mega, o empregador, se transmite para a adquirente, a Saga. Em função disso, a nova entidade empregadora (Saga) obriga-se a proporcionar aos trabalhadores condições de trabalho idênticas àquelas de que beneficiavam anteriormente, nomeadamente as relativas a remuneração, regalias e antiguidade. Em princípio,

---

[178] De referir que na legislação moçambicana não existem diplomas que tratem especificamente das matérias relativas a salários em atraso e a falência de empresas.

118 A Transmissão da Empresa à Luz da Lei do Trabalho Moçambicana

a adquirente fica adstrita ao dever de manter os salários e subsídios (prestações adicionais ao salário), incluindo os atribuídos a título especial a certos trabalhadores (na hipótese, os reclamados pelos dirigentes sindicais e pelos técnicos de informática). No que concerne à solicitação do ex--director comercial, porque se trata de uma expectativa jurídica (e não de um direito adquirido), é pacífico o entendimento segundo o qual não é devida. Efectivamente, o que se transmite é a posição contratual nos contratos de trabalho[179]. Quer-nos parecer, contudo, que esta questão da manutenção ou subsistência do conteúdo das relações laborais deve ser sempre analisada com cautela. É o que iremos ver em seguida.

II – No que à *segunda pergunta* diz respeito, vamos averiguar se é permitido às partes, na sequência da transmissão dos contratos de trabalho, alterar o seu conteúdo. Se sim, em que medida? Adiantamos, desde já, que é matéria sobre a qual não existem consensos.

Alguns autores e uma parte da jurisprudência, baseando-se no regime imperativo da sub-rogação legal do art. 26, consideram que o conteúdo dos contratos de trabalho se mantém (deve manter-se) inalterado[180]. Defendemos uma posição contrária. Se é certo que o escopo principal do art. 26 é garantir a manutenção dos direitos dos trabalhadores, em caso de mudança da titularidade do estabelecimento, não é menos certo que as circunstâncias concretas podem alterar-se, após a transmissão. Há que evitar que da modificação subjectiva resultem prejuízos para os trabalhadores, mas devemos atender os factos do caso em concreto.

Na hipótese, os trabalhadores da Mega auferiam salários superiores aos seus companheiros da Saga. Eventualmente, teriam também regalias

---

[179] Entre nós, por o preceito referir-se à *"transmissão de direitos e obrigações emergentes dos contratos de trabalho e dos IRCT"*, amiúde, têm surgido vozes defendendo a exigibilidade das expectativas jurídicas. Pensamos que sem razão. Com efeito, a ressalva incide, normalmente, sobre os direitos adquiridos, mesmo em matéria de direito comum (cfr. art. 12.°, n.° 2 CC).

[180] Cfr., por todos, ABÍLIO NETO, *Contrato de Trabalho – Notas Práticas*, Lisboa, 15.ª edição, 1998, p. 213: *"(…) a transmissão de titularidade do estabelecimento (…) não afecta a subsistência dos contratos de trabalho, nem o respectivo conteúdo, de tal modo que, em relação ao trabalhador, tudo se passa como se a transmissão não houvera tido lugar (…)"*. E veja-se, ainda, o Ac. RL, de 24.02.1999, CJ I (1999), pp. 172 ss.: *" (…) a transmissão … do estabelecimento, onde os trabalhadores exerçam a sua actividade, não influi nos seus contratos de trabalho, que se mantêm inalteráveis (…)"*.

Capítulo II

diferentes. A sua integração na Saga, passa pelo respectivo enquadramento no quadro de pessoal, no regime de carreiras profissionais (se existir), pelo reajustamento salarial e de outras regalias, pela normalização das relações contratuais, enfim, implica a inserção dos trabalhadores na organização empresarial da nova entidade empregadora. Julgamos, pois, que os direitos e obrigações dos trabalhadores (e não só) se sujeitam à alteração das circunstâncias que podem advir da transmissão. O facto é que nem sempre a defesa dos interesses da empresa é compatível com a manutenção e a protecção dos direitos (adquiridos) dos trabalhadores. Na prática, garantir a estabilidade no emprego, por vezes, passa, por eliminar ou restringir direitos ou obrigações dos trabalhadores. Pode, também, implicar a sua ampliação (por que não?).

Para a concretização dessa protecção, no direito comunitário, estatui-se no art. 3.°, n.° 1 da Directiva que "os direitos e obrigações do cedente emergentes de um contrato de trabalho ou de uma relação de trabalho existentes à data da transferência são, por esse facto, transferidos para o cessionário". É uma regra injuntiva, mas dispositiva, insusceptível, portanto, de ser afastada senão por um preceito com regime mais favorável ao trabalhador. Do comando normativo em análise conclui-se que o adquirente passa a ocupar a posição jurídica pertencente, até à data da transmissão, ao transmitente, mantendo-se perante o primeiro o conteúdo dos contratos ou das relações de trabalho acordado com o segundo. A esse propósito constata LIBERAL FERNANDES[181] que constitui "(...) objectivo geral [da Directiva 77/187] impedir que a mudança da entidade empregadora importe, *pelo menos em termos imediatos*, consequências negativas para os trabalhadores evolvidos".

O escopo do art. 26 é garantir a manutenção dos direitos e obrigações decorrentes dos contratos ou relações de trabalho, que, por força da lei, se transmitem de um sujeito para outro. Os contratos transmitem-se, *ipso iure*, tal e qual, do transmitente para o adquirente. Este obriga-se a manter a relação contratual transmitida, garantindo a estabilidade no emprego e a manutenção das condições de trabalho ao trabalhador. Mas, de forma alguma, pode o adquirente garantir a inalterabilidade dos direitos e obrigações emergentes dos contratos (individuais e colectivos) de trabalho.

---

[181] LIBERAL FERNANDES, *"Transmissão do estabelecimento ..."*, cit., p. 225. O sublinhado é nosso.

120 A Transmissão da Empresa à Luz da Lei do Trabalho Moçambicana

III – Quanto à *terceira pergunta*, que pretende saber se existirá na lei a consagração do direito a inalterabilidade do conteúdo das relações laborais transmitidas com a empresa ou estabelecimento, refira-se que, do texto da nossa lei laboral, não se retira qualquer referência ou imposição nesse sentido. Não se pode interpretar o art. 26 n.º 2 no sentido de que o conteúdo dos contratos de trabalho tem de manter-se intacto, inalterado, depois do ingresso do adquirente na esfera jurídica do transmitente. Nem mesmo se pode inferir do artigo por quanto tempo as condições acordadas com o transmitente, entretanto transferidas, *ipso iure*, para o adquirente da empresa, devem manter-se intactas. O que a lei garante, de conformidade com a doutrina e a jurisprudência predominantes, é: havendo transmissão do estabelecimento, o conteúdo da relação de trabalho transfere-se, *ipso facto*, do transmitente para o adquirente. Mais: que, à data da transmissão, os direitos e obrigações existentes se transferem *tal e qual*, sem alteração, para a nova entidade empregadora. Mas isso não significa, quanto a nós, que os mesmos se tenham de manter inalteráveis *"ad eternum"*, depois da transmissão.

Lembre-se que, nas mais das vezes, a mudança da titularidade do estabelecimento resulta (ou é antecedida) de situações de dificuldades financeiras e/ou de má gestão, que não permitem ao transmissário, pelo menos, no imediato, a manutenção das condições de trabalho anteriormente acordadas entre o transmitente e os trabalhadores.

Na situação hipotizada, a Mega declarara falência dois anos antes de ser adquirida pela Saga. Como tal, vinha operando com dificuldades, de 2000 até 2002, altura em que foi alienada, daí que, três meses após a sua aquisição, surgiram dificuldades financeiras. Ora, perante tal cenário, podemos afirmar, sem receio de errar, que se admite que determinados direitos e deveres possam ser eliminados ou restringidos, mediante acordo com a nova entidade empregadora. A imposição legal da "manutenção dos direitos (adquiridos) dos trabalhadores, em caso de transmissão de empresas" tem de entender-se, salvo melhor opinião, como sendo restrita, apenas, à manutenção do emprego e das condições acordadas que, objectivamente, forem exigíveis.

Temos, por isso, as maiores dúvidas quanto à existência, em algum ordenamento jurídico, do direito a inalterabilidade do conteúdo da relação laboral cedida ao adquirente, por força da lei, em caso de mudança da titularidade do estabelecimento.

No direito comunitário, o objectivo essencial da Directiva, já o dissemos, é garantir a defesa dos trabalhadores, em caso de transmissão do estabelecimento. É o que se depreende do terceiro considerando da Directiva (2001/23/CE). Aí, o legislador alerta aos Estados-Membros para a necessidade de adoptar disposições aptas a "proteger os trabalhadores em caso de mudança de empresário especialmente para assegurar a manutenção dos seus direitos". Manutenção essa que, segundo a doutrina, se reconduz aos níveis mínimos de protecção, desde logo, porque, como se lê, ainda, no preâmbulo da Directiva (considerando n.° 4) apesar dos esforços empreendidos para a harmonização das legislações dos Estados-Membros relativas à manutenção dos direitos dos trabalhadores, "subsistem diferenças (...) no que respeita ao alcance da protecção dos trabalhadores (...)", em caso de transmissão de empresas, estabelecimentos ou de partes destes.

Em suma, pretende-se é evitar que a mudança da titularidade do estabelecimento do transmitente para o adquirente implique para os trabalhadores envolvidos uma redução do conteúdo dos contratos ou das condições de trabalho acordadas com a anterior entidade empregadora. Sucede, porém, que a Directiva não regula o conteúdo da relação de trabalho, sendo o tratamento dessa matéria reservada às legislações nacionais de cada Estado-Membro – cfr. o art. 3.° da Directiva. Esta norma é injuntiva, mas dispositiva, como já foi explicitado supra. Daí que se questione se as partes, perante as circunstâncias do caso concreto, têm ou não a liberdade de, pelo menos em termos não imediatos, alterar o conteúdo das relações de trabalho. Ou, mais precisamente, se podem reduzir ou aumentar o conteúdo dos contratos ou das relações laborais, após a transmissão do estabelecimento.

O art. 8.° da Directiva (2001/23/CE)[182] preconiza a faculdade de a legislação interna dos Estados-Membros derrogar o regime imperativo do art. 3.°, n.° 1, sempre que a norma nacional estabeleça um tratamento mais favorável ao trabalhador. Com base nesse pressuposto, parece-nos que nada obsta a que as partes possam, licitamente, alterar o conteúdo da relação de trabalho, em sentido mais favorável ao trabalhador. Assim, os direitos e obrigações emergentes dos contratos ou relações de trabalho transfe-

---

[182] *"A presente directiva não afecta a faculdade de os Estados-Membros aplicarem ou introduzirem disposições legislativas, regulamentares ou administrativas mais favoráveis aos trabalhadores ou de favorecerem ou permitirem a celebração de convenções colectivas ou acordos entre parceiros sociais que sejam mais favoráveis aos trabalhadores"*. No mesmo sentido, com ligeiras alterações de texto, estabelecia o art. 7.° das duas anteriores Directivas.

rir-se-iam, tal e qual como existiam, à data da transmissão, sem qualquer alteração, do transmitente para o transmissário. De igual modo, apenas seria reconhecido aos trabalhadores o direito de invocar perante o adquirente os direitos cujo cumprimento poderiam exigir do transmitente. Mas, *à posteriori*, e tendo em conta que a norma imperativa determina o mínimo, e considerando ainda a situação concreta do estabelecimento transmitido, poder-se-ia reduzir ou aumentar, sempre que necessário, o conteúdo dessa relação de trabalho em sentido mais favorável ao trabalhador.

O princípio do tratamento mais favorável ao trabalhador como refere MONTEIRO FERNANDES[183] tem, desde a sua origem, uma função protectora e é *"(...) aparentemente contrário ao "dogma" da igualdade perante a lei,* [mas que] *exige definição tão precisa quanto possível"*. A delimitação do emprego do princípio do *favor laboratoris* é nos dada, a propósito do critério de determinação da norma aplicável, quer na interpretação de normas laborais, quer na hierarquia das fontes. Explicita o art. 4.°, n.° 3 que as normas hierarquicamente inferiores, que estabeleçam tratamento mais favorável ao trabalhador, podem prevalecer sobre as normas hierarquicamente superiores, desde que estas a isso não se oponham. Para a correcta aplicação deste dispositivo, há que distinguir, de entre as normas superiores, as que possuem carácter dispositivo (supletivo) daquelas outras que têm natureza imperativa e proibitiva. Se a norma superior for imperativa, inflexível, a norma inferior, ainda que contenha um tratamento mais favorável ao trabalhador, não se aplica. No entanto, se a norma hierarquicamente superior for dispositiva, apesar da sua relativa imperatividade, deixa uma margem para a aplicação da norma inferior que estabeleça em sentido mais favorável ao trabalhador.

Assim, após este pequeno excurso, podemos deduzir que na interpretação do art. 3.°, n.° 1 da Directiva, devemos ter presente, além do já reiterado objectivo da Directiva, a relação entre aquele preceito e o art. 8.° da Directiva[184]. Este prevê a possibilidade de as normas de direito nacional mais favoráveis aos trabalhadores poderem derrogar o regime imperativo (mínimo) do art. 3.°, n.° 1 da Directiva (2001/23/CE). Na essência, o que importa é garantir aos trabalhadores transferidos uma protecção idêntica perante o transmitente e o transmissário, mormente a defesa ou a manutenção dos seus direitos. A regulação do conteúdo do contrato ou da rela-

---

[183] MONTEIRO FERNANDES, *Direito do...*, cit., pp. 114 ss.
[184] Conferir o respectivo texto na nota 186.

Capítulo II

ção de trabalho fica a cargo da legislação interna de cada Estado-Membro, que, em regra, deve estar de acordo com o direito comunitário, incluindo as Directivas não transpostas ou as transpostas incorrectamente[185].

Posto isto, como deve interpretar-se a fórmula "manutenção dos contratos ou das relações de trabalho", na transmissão da empresa ou estabelecimento? A resposta a esta pergunta não é unívoca. Existem autores que defendem, conforme indicámos antes, a inalterabilidade do conteúdo da relação de trabalho. Mas outros há que saem em defesa da modificação do conteúdo contratual, baseando o seu pensamento na alteração substancial das condições em que as partes contrataram (art. 437.° CC), consequência da mudança da titularidade da empresa operada. Assim, por exemplo, se os trabalhadores da empresa transmitida passarem a integrar um grupo empresarial, onde vigora uma tabela salarial acordada, por uma questão de gestão de grupo, aos trabalhadores com as mesmas funções e categoria profissional pagar-se-á a mesma remuneração de base[186]. Os contratos de trabalho dos trabalhadores oriundos da empresa transmitida podem ser modificados, como resultado da sua integração numa nova organização empresarial. Portanto, por aquela expressão deverá entender-se, fundamentalmente, a necessidade de garantir a manutenção do vínculo contratual e não propriamente a proibição da faculdade de alterar o conteúdo do contrato ou da relação de trabalho, desde que seja em sentido mais favorável ao trabalhador[187].

Neste último sentido, o TJCE, no acórdão do caso *Philips*[188], relativo à possibilidade de modificação do conteúdo do contrato ou da relação de trabalho, decidiu que a Directiva (77/187/CEE) não consagrava "um direito de inalterabilidade dos termos da relação de trabalho".

---

[185] Para mais desenvolvimentos, veja-se, entre outros, LIBERAL FERNANDES, *"Transmissão do estabelecimento ..."*, cit., pp. 230 ss.

[186] Nesse sentido aponta a nossa solução, no caso de transmissão da empresa Mega, ora em análise.

[187] De notar que, por exemplo, entre a redução salarial e a rescisão unilateral do contrato de trabalho por iniciativa do empregador, fundada na escassez de recursos económicos (art. 69), é, a nosso ver, "tratamento mais favorável ao trabalhador" optar pela redução da remuneração.

[188] Proc. C-219/91, Ac. de 12.11.1992, *"Colectânea de Jurisprudência ..."*, pp. I--5755 ss. Esta mesma solução cremos que se obteria, hoje, ao abrigo da actual Directiva (2001/23/CE), porque os seus textos sobre esta matéria são similares.

124 *A Transmissão da Empresa à Luz da Lei do Trabalho Moçambicana*

A questão de fundo tinha a ver com um contrato ajustado entre a empresa Philips e a sociedade ISS Kantineservice (ISS), nos termos do qual esta última iria gerir as quatro cantinas da primeira. A Philips comprometeu-se a pagar à ISS um valor mensal fixo visando cobrir as despesas com as remunerações, seguros e outras despesas administrativas. A ISS, por sua vez, comprometeu-se a assumir o pessoal que trabalhava nas quatro cantinas mantendo as suas condições de remuneração e de antiguidade. Na sequência do acordo, e já na qualidade de empregador, a ISS alterou o dia de pagamento dos salários e a composição destes (embora o valor global permanecesse igual). Duas das trabalhadoras transferidas solicitaram que a remuneração lhes fosse paga na data em que a Philips o fazia e que a retribuição mantivesse a sua composição inicial, integrando todos os subsídios que o anterior empregador pagava. A ISS recusou fazê-lo. Por isso, as duas trabalhadoras comunicaram à ISS que não pretendiam continuar ao serviço nessas condições. E, por causa dessa sua decisão, as duas trabalhadoras foram despedidas.

As trabalhadoras puseram uma acção no tribunal, pedindo, uma delas, a condenação da ISS no pagamento de indemnização por despedimento abusivo, e, ambas, o pagamento da retribuição que tinham solicitado, invocando a Directiva (77/187/CEE) e a lei dinamarquesa que transpôs aquele diploma para o direito nacional da Dinamarca.

O Tribunal de Justiça, considerando irrelevante a natureza acessória da actividade, disse que a Directiva é aplicável à situação em que "um empresário confia, por meio de um contrato, a responsabilidade de explorar um serviço da sua empresa, como uma cantina, a outro empresário que assume, por esse facto, as obrigações de empregador relativamente aos trabalhadores aí colocados". Face às circunstâncias do caso, o TJCE, baseado na interpretação que faz do art. 3.º, n.º 1 da Directiva, decidiu que este preceito não obsta a que se altere a data de pagamento da remuneração, nem a composição desta, desde que se mantenha o montante global da mesma. E o acórdão refere expressamente que "(…) no que se refere aos direitos decorrentes da relação de trabalho, *esta pode ser modificada relativamente ao cessionário dentro dos mesmos limites em que a alteração seria admissível em relação ao cedente* (…)"[189].

---

[189] JOANA SIMÃO, *"A transmissão do estabelecimento …"*, cit., p. 212. O sublinhado no original.

No ordenamento jurídico português, a ideia da "manutenção do conteúdo da relação de trabalho", à luz do art. 37.° do direito anterior, era assim abordada: "A transmissão do estabelecimento, ou parte, em que os trabalhadores exercem a sua actividade não influi nos respectivos contratos de trabalho que se mantêm *inalteráveis*, passando o novo titular do estabelecimento a ser a sua entidade patronal"[190]. Fazia-se referência à inalterabilidade do conteúdo dos contratos de trabalho como reflexo de imposição legal. Como diz FABRÍCIA HENRIQUES[191], com base nesse pressuposto, muitos autores e alguma jurisprudência entendiam que o contrato de trabalho, na sequência da transmissão da empresa, se conservava "incólume". No entanto, como conclui e bem, a nosso ver, a mesma Autora: "uma leitura mais atenta do normativo em causa pode conduzir à conclusão de que as obrigações e direitos de ambas as partes não têm, necessariamente, de permanecer os mesmos após a transmissão, como se se encontrassem, de alguma forma, sob um efeito paralisante". Hoje, o art. 318.° CT, que transpõe para a ordem jurídica portuguesa a jurisprudência do TJCE inserida na Directiva (2001/23/CE), estabelece um regime imperativo, mas susceptível de ser afastado por normas hierarquicamente inferiores, quando estas, sem oposição das normas superiores, estabeleçam um tratamento mais favorável ao trabalhador.

ALONSO OLEA/CASAS BAAMONDE[192], ao analisar os efeitos da transmissão, começam por considerar que, nos termo do art. 44, n.° 1 ET, a regra é: "em virtude da sub-rogação, o novo empresário responde perante os trabalhadores pelo cumprimento de todas as obrigações, tanto anteriores como posteriores à transmissão, derivadas dos contratos de trabalho". Esta regra, conforme os Autores, conhece duas excepções. A primeira tem a ver com a responsabilidade solidária entre cedente e cessionário, durante os três anos subsequentes à transmissão/cessão. A segunda tem a ver com situações de transmissões fraudulentas, em que se o adquirente tiver conhecimento do delito e, ainda assim, conclui a cessão, ambos respondem solidariamente, independentemente da responsabilidade penal, pelas obrigações anteriores e posteriores à cessão, até à prescrição do delito.

---

[190] Ac. da RC, de 22 de Abril de 1993, Colectânea de Jurisprudência, 1993, 2.°-80. O sublinhado é nosso.

[191] FABRÍCIA HENRIQUES, *"Transmissão do ..."*, cit., p. 983.

[192] ALONSO OLEA/CASAS BAAMONDE, *Derecho...*, cit., pp. 402-403.

126 *A Transmissão da Empresa à Luz da Lei do Trabalho Moçambicana*

Relativamente à manutenção dos direitos e obrigações (conteúdo), os dois Autores consideram que as condições de trabalho do adquirente podem ser distintas das do transmitente. Pelo que, apesar disso, esforçar--se-á por manter o conteúdo dos contratos de trabalho, podendo, em todo o caso, negociar com os trabalhadores a modificação ou substituição da convenção colectiva em vigor. Alertam, porém, que na falta de acordo, o incumprimento, por exemplo, da convenção colectiva de trabalho corresponde a um "despedimento indirecto".

Estamos convencidos de que é pacífico o entendimento segundo o qual a lei não proíbe expressamente a alteração do conteúdo da relação de trabalho. E, por outro lado, acresce que, mesmo se ela proibisse, perante situações em que a modificação se devesse a factores de diversa índole, alguns suplantando a vontade do adquirente, a alteração do conteúdo da relação de trabalho afigurar-se-ia inevitável. Daí que perfilhemos a ideia de não existir a obrigação de manter inalterado o conteúdo do contrato ou da relação de trabalho, após a transferência da empresa, estabelecimento ou parte deste.

IV – A terminar, a *quarta e última pergunta*. A questão é: Até que ponto o adquirente responde pelas obrigações assumidas pelo transmitente, no domínio das relações colectivas de trabalho? Pretende-se, enfim, apurar o que sucede aos direitos e obrigações resultantes dos IRCT quando a empresa é transmitida ou cedida. Trata-se, no fundo, de analisar a problemática da sobrevigência das convenções colectivas, em caso de transmissão de empresas ou estabelecimentos.

A contratação colectiva vem regulada na Constituição (art. 86 CRM). Esta consagração constitucional confere-lhe o *estatuto* de norma fundamental. Dito de outro modo, as normas que emanam da Constituição, por vezes com carácter programático, têm eficácia jurídica e aplicam-se, imediata e obrigatoriamente, às relações laborais vigentes entre empregadores e trabalhadores. Essas normas são, depois, tratadas, com detalhe, em diplomas específicos, como é a lei laboral.

Na Lei do Trabalho, a contratação colectiva tem tutela jurídica, nos termos dos arts. 84 ss[193]. O exercício do direito de negociação colectiva

---

[193] A maior parte das disposições deste Capítulo III da LT corresponde a uma mera *incorporação* das normas das Leis n.° 23/91, de 31 de Dezembro (relativa ao exercício da actividade sindical) e n.° 6/91, de 9 de Janeiro (relativa ao exercício do direito à greve), ambas revogadas pela norma revogatória da LT (art. 217).

visa estabelecer e estabilizar, no seio da empresa, relações colectivas de trabalho. Um dos principais objectivos prosseguidos pelas organizações sindicais é a defesa e promoção dos direitos e interesses dos membros das organizações sindicais (al. a) do art. 85). Para o efeito, é-lhes reconhecido o direito de representação colectiva, isto é, compete aos sindicatos representar os trabalhadores perante o empregador, designadamente na negociação e na celebração de IRCT (art. 97, n.º 1). Estes são instrumentos jurídicos que "obrigam as entidades empregadoras deles signatárias ou por elas abrangidas e as *que por qualquer título lhes sucederem"* (art. 114, n.º 1)[194]. Determina, pois, a parte final deste preceito a observância, pelo adquirente, dos IRCT que vinculavam a anterior entidade empregadora, mas sem aludir à duração da sua vigência e eficácia.

A vigência e a eficácia dos IRCT são estabelecidas, nos termos latos do art. 115, cujo n.º 1 determina: *"Os instrumentos de regulamentação colectiva mantêm-se integralmente em vigor até serem modificados ou substituídos por outros"*. E o seu n.º 2 acrescenta que *"Os instrumentos de regulamentação colectiva só podem ser denunciados na data neles estipulada ou, na sua falta, no trigésimo dia anterior ao término do seu período de vigência"*[195]. Dizem respeito estas cláusulas ao período durante o qual os IRCT devem manter-se em vigor. Mas não se referem à alteração ou não das condições de trabalho acordadas entre a entidade empregadora e os seus trabalhadores. Outrossim, este regime jurídico não é de aplicação restrita, nem específica aos casos de transmissão de empresas ou estabelecimentos. A norma que trata em especial desta matéria é o art. 26 n.º 2.

Determina este preceito a transferência para o novo empregador do conteúdo dos IRCT existentes à data da transmissão do estabelecimento, ou seja, dos "direitos e obrigações" deles emergentes. Como se vê, o art. 26, n.º 2 é omisso quanto à definição do período durante o qual devem, necessariamente, ser mantidas inalteradas as condições de trabalho estreitadas com o transmitente. Tão-só, ele impõe que, face à sub-rogação legal nas relações colectivas de trabalho subjacente à transmissão do estabelecimento, o adquirente assuma, imediata e obrigatoriamente, os direitos e obrigações emergentes dos IRCT vigentes à data da transmissão.

---

[194] O itálico é nosso.

[195] O sublinhado é nosso e visa destacar a natureza limitativa do direito de denúncia, por um lado, e a regra quanto aos prazos para o exercício desse direito.

128   A Transmissão da Empresa à Luz da Lei do Trabalho Moçambicana

Obviamente, e em função da lacuna legal referida, conclui-se que o conteúdo dos instrumentos de regulamentação colectiva de trabalho deve ser respeitado durante o prazo da sua vigência. A nossa lei define o período de vigência dos IRCT, em termos genéricos no art. 115, n.° 1, como já constatámos. Portanto, enquanto não forem denunciados ou revogados por qualquer das partes, os IRCT mantêm-se em vigor[196]. O art. 115, n.° 1 possui uma relevância prática ímpar, pois as situações jurídico-laborais e, em especial, as relativas ao conteúdo dos contratos individuais de trabalho são conformadas pelas disposições dos IRCT. Esta disposição estipula a manutenção *integral* do conteúdo dos IRCT até serem modificados ou substituídos. A denúncia constitui uma das formas susceptíveis de provocar a sua modificação ou substituição (entenda-se, extinção) – cfr. art. 113, n.° 1. De acordo com a parte final desta norma, obrigatoriamente, os IRCT devem indicar *"(…) o período durante o qual se manterão em vigor, bem como a forma e o prazo de denúncia"*[197]

Solucionada a questão da sobrevigência dos IRCT, à luz da lei moçambicana, importa, aqui e agora, fazer uma abordagem, ainda que resumida, sobre o sentido e o alcance da "manutenção integral do conteúdo dos IRCT" até à sua modificação ou substituição, que o art. 115, n.° 1 estabelece. Pensamos que, com certeza, o pensamento do legislador não é que o conteúdo se mantenha inalterado eternamente. Desde logo, pela sua insustentabilidade prática, como já foi dito a propósito do conteúdo das relações individuais de trabalho. Fazendo *jus* à doutrina dominante, parece defensável a ideia de que a intenção do legislador é assegurar que as condições de trabalho ajustadas com o transmitente, em caso de transmissão do estabelecimento (e não só), se mantenham, alterando-se apenas em sentido mais favorável ao trabalhador. Entendido este nos termos anteriormente

---

[196] Em princípio, as partes devem indicar expressamente o prazo de vigência do IRCT. Entre nós, na falta de estipulação do período de vigência, invariavelmente, os tribunais consideram (por mera presunção) o prazo de 1 ano renovável por iguais e sucessivos períodos até à sua denúncia ou revogação por mútuo acordo das partes. Tal não é, a nosso ver, o regime do art. 115. Esta matéria, de *iure constituendo*, deve merecer melhor tratamento.

[197] É omissa a lei quanto aos efeitos legais decorrentes da falta de consagração destas matérias referentes ao conteúdo dos IRCT, previstas no art. 113, n.° 1, *in fine*. A prática dos tribunais nacionais tem sido o recurso ao regime supletivo (em matéria de vigência e eficácia dos IRCT), previsto no art. 115, n.° 2, recorrendo àquele prazo de vigência de 1 ano, a que aludimos na nota anterior.

desenvolvidos no presente estudo. De forma alguma, nos parece sustentável, nem legítima, a interpretação segundo a qual por "manutenção integral dos IRCT até à sua modificação ou substituição" se deve entender que as condições ajustadas com o transmitente mantêm-se inalteradas.

A lei laboral moçambicana não se refere expressamente à participação dos sindicatos ou dos representantes do trabalhadores nesta matéria. Aliás, outra coisa não seria de esperar, pensamos nós, pois o art. 26 nem sequer prevê o dever de informar aos trabalhadores a data, motivos e consequências da transmissão. Não havendo a obrigação de dar a conhecer, previamente, a transmissão, muito menos o artigo em análise obriga a consulta prévia dos representantes dos trabalhadores. Por esse motivo, não raras vezes, os trabalhadores tomam conhecimento da mudança da titularidade da empresa onde prestam actividade através dos meios de comunicação. Além disso, a falta do dever de informação contribui (facilita), sobremaneira, para os casos de fraude à lei.

De igual modo, a lei não consagra a manutenção dos direitos colectivos, nem mesmo a representação dos trabalhadores, após a transmissão. Consequentemente, os representantes sindicais da Mega que pretendiam saber que direitos lhes assistem, depois da transmissão, suscitaram um problema de difícil solução. Com efeito, o art. 103, relativo à protecção dos órgãos dirigentes das associações e comités sindicais, acautela a defesa destes apenas quanto ao exercício das suas actividades numa dada empresa. Não prevê a manutenção dos direitos colectivos e especiais dos dirigentes sindicais, em caso de transmissão da empresa ou de cessão de exploração. A solução seria – como, aliás, tem sido – cessação de funções por efeito do termo de actividade da empresa.

Perante tantas lacunas e indefinições do regime jurídico do art. 26, *de iure constituendo*, recomenda-se o estabelecimento de um procedimento de informação e consulta, obrigatória e prévia, aos representantes dos trabalhadores acerca da transmissão a realizar.

Que regime vigora no direito comunitário sobre esta matéria? O art. 3.°, n.° 3 da Directiva (2001/23/CE) dispõe: "após a transferência, o cessionário manterá as condições de trabalho acordadas por uma convenção colectiva, nos mesmos termos em que esta as previa para o cedente (...)". E, em seguida, o preceito define como limite da manutenção das condições de trabalho acordadas a data da rescisão ou do termo da convenção colectiva ou, ainda, a data de entrada em vigor ou de aplicação de outra convenção. Em todo o caso, os Estados-Membros podem limitar esse prazo de

130   *A Transmissão da Empresa à Luz da Lei do Trabalho Moçambicana*

manutenção, mas, em caso algum, o período pode ser inferior a um ano (art. 3.º, n.º 2). Este comando normativo constitui uma concretização lógica do disposto no art. 3.º, n.º 1 da Directiva.

As convenções colectivas, por via de regra, são celebradas para vigorar por um período determinado. Por conseguinte, diferentemente do que se passa com os contratos de trabalho por tempo indeterminado, as condições acordadas em IRCT apenas têm de manter-se até à data de rescisão ou do termo ou, ainda, até à data da entrada em vigor de uma nova convenção colectiva. Considerando, em especial, esta última possibilidade, nada obsta a que a nova convenção colectiva possa aumentar ou reduzir o conteúdo da anterior que veio substituir.

A Directiva (2001/23/2001) regula, no seu art. 7.º, um procedimento de informação e consulta dos representantes dos trabalhadores sobre a transmissão em perspectiva. Consiste tal procedimento em dar a conhecer, obrigatoriamente, e antes de efectuar-se a transmissão do estabelecimento para o adquirente, aos representantes dos trabalhadores os aspectos essenciais da transmissão. Para o efeito, a Directiva, no art. 2.º, n.º 1, al. c) procede à devolução para as legislações ou práticas de cada Estado-Membro a definição do que deva entender-se por representantes dos trabalhadores[198]. E, em defesa dos direitos colectivos dos trabalhadores, estatui-se no art. 6.º da Directiva a respectiva manutenção em caso de transmissão da empresa ou estabelecimento. Determina-se, no presente artigo, os direitos colectivos que se mantêm após a transmissão, tais como: o respectivo estatuto, funções e a aplicabilidade de regimes especiais de protecção.

Em Portugal, a manutenção dos contratos (individuais e colectivos) de trabalho, prevista no art. 37.º LCT, ora revogado, era reforçada pelo art. 9.º LIRC[199]. Neste artigo estabelecia-se a obrigação de o cessionário observar, em caso de cessão, total ou parcial, da empresa ou estabelecimento, até ao termo do respectivo prazo de vigência, e mínimo de 12 me-

---

[198] Nos termos do art. 2.º, n.º 1 al. c) da Directiva *"(…) entende-se por: "representantes dos trabalhadores" e expressões afins: os representantes dos trabalhadores previstos nas legislações ou práticas dos Estados-Membros"*.

[199] Estabelece este artigo do diploma que regula o regime jurídico das relações colectivas de trabalho: "Em caso de cessão, total ou parcial, de uma empresa ou estabelecimento, a entidade empregadora cessionária ficará obrigada a observar, até ao termo do respectivo prazo de vigência, e no mínimo de 12 meses, contados da cessão, o instrumento de regulamentação colectiva que vincula a empregadora cedente, salvo se tiver sido substituído por outro.

ses, o instrumento de regulamentação colectiva de trabalho. O preceito encerrava, na sua parte final, uma excepção referente às situações em que a convenção fosse substituída por outra. Desta excepção extrai-se a possibilidade de as partes, mediante a celebração do novo IRCT, poderem modificar o conteúdo das relações colectivas de trabalho ajustadas com o cedente.

No actual regime jurídico português, por força dos arts. 320.º e 321.º, ambos do CT, faz-se a transposição para a ordem jurídica lusa dos arts. 6.º e 7.º, ambos da Directiva (2001/23/CE). Já explicámos o conteúdo e a razão de ser destes dois comandos normativos da Directiva, ora transpostos, pelo que remetemos para essa informação, por mera questão de economia de palavras. Reconhecemos, ainda assim, ligeiras particularidades, as quais, apesar de tudo, julgamos que não prejudicam o essencial do que aí foi exposto.

No regime jurídico espanhol, o art. 44 ET introduz novas regras em matéria de informação e consulta aos trabalhadores. Dele se extrai que os empresários cedente e cessionário devem informar aos representantes dos seus trabalhadores sobre a data, motivo e efeitos da transmissão, bem como as medidas projectadas em relação aos trabalhadores. E, segundo MONTOYA MELGAR[200], em virtude do maior número de afectados, de que resulta a sua maior transcendência social, a modificação colectiva das condições de trabalho tem um tratamento legal mais exigente do que o da relação individual de trabalho. O n.º 4 do art. trata de determinar a convenção colectiva aplicável aos trabalhadores afectados pela transmissão da empresa: a que vinha regulando a empresa cedida, até à sua cessação ou até à entrada em vigor de uma nova convenção (...). E por fim, o Autor considera que "a transmissão de empresas não extingue o mandato dos representantes legais dos trabalhadores (art. 44, n.º 5 ET)".

7.4. *Responsabilidade por dívidas*

O regime de responsabilidade por dívidas emergentes da cessão da posição contratual, *ex lege*, ligada à transmissão da empresa ou do estabelecimento consta do art. 26. Trata-se de um regime especial cuja especificidade advém da natureza das dívidas laborais de que é credor o trabalha-

---

[200] MONTOYA MELGAR, *Derecho...*, cit., p. 433.

132   A Transmissão da Empresa à Luz da Lei do Trabalho Moçambicana

dor subordinado e devedor, o adquirente do estabelecimento. Essa especialidade fica também a dever-se ao facto de que ela é no interesse de um dos devedores, tendo como finalidade estabelecer uma maior garantia para o trabalhador.

A questão da responsabilidade pelas dívidas resultantes da cessão da posição contratual, *ope legis*, no nosso actual direito positivo, resume-se ao disposto no art. 26, n.° 3. Com efeito, aí se estabelece que *"O novo titular do estabelecimento é solidariamente responsável pelas obrigações do transmitente vencidas nos dois meses anteriores à transmissão, ainda que respeitem a trabalhadores cujos contratos tenham já cessado, à data da transmissão"*.

Estabelece esta norma uma responsabilidade solidária entre o adquirente e o transmitente por créditos laborais anteriores à transmissão – mas restringe essas dividas às vencidas nos dois meses anteriores à transmissão do estabelecimento. No entanto, não exclui as dívidas relacionadas com os contratos que, à data da transmissão, tenham cessado; pelo contrário, estende tal efeito a esses contratos[201]. Impõe-se, antes de mais, concretizar o que são créditos ou dívidas laborais para, em seguida, tratarmos, sumariamente, da noção de solidariedade passiva e das razões por que o legislador optou por um regime de responsabilidade solidária *sui generis*.

Os créditos laborais podem ter por fonte uma obrigação de prestar ou um dever de indemnizar. Por isso, no contexto do presente trabalho, os créditos laborais correspondem aos valores pecuniários ou avaliáveis em dinheiro que o trabalhador tem a receber do empregador. Essas dívidas vão desde débitos salariais, indemnizações, subsídios, entre outros. O prestador de trabalho, normalmente, recebe esses valores do empregador quer a título de prestação ou indemnização, quer como execução da relação de trabalho ou da sua violação ou cessação.

A solidariedade diz-se passiva quando é entre os devedores. Ou seja, sendo vários os obrigados, qualquer deles é responsável perante o credor comum pela satisfação integral da obrigação, ficando, simultaneamente, todos os outros devedores exonerados relativamente ao credor, quando um dos devedores a satisfaça por inteiro (art. 512.° CC). A solução prescrita pelo n.° 3 do art. 26 – responsabilidade solidária do adquirente pelas dívidas anteriores à transmissão – é vantajosa, porque protege melhor o credor

---

[201] *"(…) ainda que respeitem a trabalhadores cujos contratos tenham já cessado, à data da transmissão".*

Capítulo II   133

(trabalhador) contra eventuais riscos de insolvência do devedor (adquirente/transmitente). Mas também, porque facilita ao credor a cobrança do respectivo crédito (tendo, obviamente, uma pluralidade de obrigados)[202]. Para MÁRIO PINTO/FURTADO MARTINS/NUNES DE CARVALHO[203], "Na situação em apreço, esse risco [de insolvência do devedor] será ainda maior sempre que o estabelecimento transmitido representar o principal activo do património do devedor, caso em que a sua transmissão pode afectar severamente a possibilidade de satisfação dos créditos dos trabalhadores".

Na Espanha, o art. 44, n.° 1 ET dispõe que tanto o cedente como o cessionário respondem solidariamente durante três anos pelas obrigações laborais nascidas anteriormente à transmissão e que não foram satisfeitas. MONTOYA MELGAR[204], depois de notar que este é um prazo especial de prescrição, comparativamente aos do art. 59, n.° 1 ET, conclui que: "Evidentemente, esta medida visa impedir a promoção de transmissões fraudulentas, destinadas a exonerar dos seus débitos o empresário cedente. A medida cautelar é reforçada pela exigência de que cedente e cessionário notifiquem a transmissão *inter vivos* aos representantes dos trabalhadores da empresa cedida".

ORLANDO GOMES e ELSON GOTTSCHALK[205], com base no que estabelecem os arts. 10.° e 448.° CLT, consideram que não existe, no direito brasileiro, responsabilidade solidária do *sucedido*. Operada a *sucessão* (designação da sub-rogação legal no contrato, na lei brasileira), o responsável pelo cumprimento das obrigações resultantes dos contratos de trabalho transmitidos, é apenas, o *sucessor*. Significa que só o adquirente responde pelos créditos dos trabalhadores, depois da cessão da empresa. Por aí se pode depreender que reconhecem estes Autores a inexistência da figura da responsabilidade solidária, em matéria de direito laboral.

O regime da solidariedade, neste caso, segue as regras gerais do Código Civil (arts. 512.° a 527.°). Por via disso, não vemos qualquer impedimento em relação à possibilidade de o transmitente e o adquirente

---

[202] No mesmo sentido, por todos, ANTUNES VARELA, *Das obrigações...*, vol. I, cit., pp. 749-750.

[203] MÁRIO PINTO/FURTADO MARTINS/NUNES DE CARVALHO, *Comentário...*, cit., p. 182.

[204] MONTOYA MELGAR, *Derecho...*, cit., p.432. Tradução livre.

[205] ORLANDO GOMES/ELSON GOTTSHALK, *Curso de Direito do Trabalho*, 4.ª ed., Forense, Rio de Janeiro, 1971, p. 318

134 A Transmissão da Empresa à Luz da Lei do Trabalho Moçambicana

convencionarem, no âmbito da liberdade contratual, a responsabilidade de cada um deles como bem acharem, só que mediante o consentimento do credor (art. 595.° CC). Esse acordo vale apenas na relação jurídica entre o transmitente e o transmissário, a fim de evitar que, desse modo, se possa pôr em causa os interesses do credor. Ao trabalhador (enquanto credor) interessa, sobremaneira, a manutenção do regime de responsabilidade solidária, pelos motivos já expostos, designadamente a ampliação a seu favor do leque de garantias. A participação dos trabalhadores nos negócios jurídicos que servem de base à transmissão é quase nula; logo, tende a prevalecer o regime especial da lei laboral, por isso este tipo de acordos não é frequente.

A inclusão dos contratos de trabalho que já tenham cessado, à data da transmissão, parece estranha e desprovida de qualquer razão. Quis o legislador com esta previsão acautelar o interesse dos trabalhadores cujos contratos possam ter cessado ilicitamente. Na verdade, pode suceder que um determinado trabalhador, no momento em que se dá a transmissão da empresa, tenha sido ilicitamente despedido. Se este trabalhador tiver impugnado junto do tribunal o seu despedimento ilícito, obviamente que, em caso de uma sentença favorável, tem direitos sobre o cessionário. Logicamente, e entre outros, um dos direitos que vai exigir, é a sua reintegração ou a competente indemnização (art. 71).

O art. 26, n.° 3 é omisso quanto ao dever de informar os trabalhadores, atempadamente, através de um aviso a ser afixado na empresa, de que vai haver transmissão da empresa, e que, até à data da transmissão, devem reclamar os créditos salariais vencidos nos dois meses anteriores à transmissão. O que, à partida, suscita muitas dúvidas (dificuldades) de aplicação desta norma e da disciplina jurídica que acarreta. Façamos, então, uma análise comparativa com o regime do art. 37.°, n.°s 2 e 3 LCT (ora revogado) – a opção deve-se a similaridade entre o texto deste preceito e o art. 26.

Estabelecia o art. 37.° LCT que *"O adquirente do estabelecimento é solidariamente responsável pelas obrigações do transmitente vencidas nos seis meses anteriores à transmissão (...)"* (n.° 2). Para tal, deve *"(...) o adquirente, durante os quinze dias anteriores à transacção, fazer afixar um aviso nos locais de trabalho no qual se dê conhecimento aos trabalhadores que devem reclamar os seus créditos"* (n.° 3).

Partamos da situação em que a lei prevê o dever de informar os trabalhadores (art. 37.° LCT). *Quid juris* se o adquirente, por negligência,

Capítulo II 135

não afixa o aviso, ou, afixando-o, omite algumas das informações úteis/ /obrigatórias, como seja o prazo para os trabalhadores reclamarem os créditos vencidos?

A reposta não é unívoca. De qualquer modo, e longe das discussões à volta do tema, resulta da lei o seguinte. Os créditos laborais vencidos nos seis meses (entre nós, dois meses)[206] anteriores à transmissão do estabelecimento, se forem reclamados até à data da transmissão, têm como devedores solidários– o *transmitente* e o *adquirente*. Na falta da sua reclamação, aquelas dívidas e as vencidas há mais de seis meses têm apenas um devedor – o *transmitente*. Pode ainda acontecer que as dívidas não sejam reclamadas por culpa do adquirente que não afixou o aviso a que se refere o art. 37.º, n.º 3 LCT. Evidentemente, em tais circunstâncias, o mais provável é que os trabalhadores não reclamem os seus créditos nem os vencidos nos últimos seis meses, nem os vencidos há mais tempo. E quem é o devedor, neste caso? A resposta parece ser óbvia: o adquirente[207].

MÁRIO PINTO/FURTADO MARTINS/NUNES DE CARVALHO[208] consideram que, caso o adquirente não afixe o aviso previsto na lei, "terá de responder por todas as dívidas, tanto pelas não reclamadas, como pelas contraídas pelo transmitente há mais de seis meses [dois meses]". Fundamentam, em seguida, os Autores o seu posicionamento nesta matéria, dizendo que "decorre da própria letra da lei, dado que o número 3 expressamente relaciona o aviso com as limitações definidas no número 2". E acrescentam mais argumentos, entre os quais: porque assim se faz "inteira justiça"; pela necessidade de salvaguarda da posição dos trabalhadores que "não tendo sido avisados da transmissão, não puderam reclamar os créditos do transmitente enquanto o estabelecimento estava incluído no seu património".

---

[206] Não descortinámos qualquer explicação plausível para estes prazos, nos dois ordenamentos jurídicos.

[207] No mesmo sentido, *vide* o Ac. RL, de 16.11.1994: Col. Jur., 1994, 5.º-186, em cujo sumário se lê que *"Se o adquirente de um estabelecimento não fizer afixar o aviso da transmissão para reclamação dos créditos, a que alude o art. 37.º da LCT, ficará responsável não só por todas as obrigações vencidas nos seis meses anteriores, ainda que não reclamadas, mas também pelas vencidas há mais de seis meses, por os trabalhadores não terem sido notificados da transmissão, e, portanto, impedidos de deduzir e garantir tais créditos, sobre o transmitente, enquanto este se encontrava na titularidade do estabelecimento".*

[208] MÁRIO PINTO/FURTADO MARTINS/NUNES DE CARVALHO, *Comentário…*, cit., p. 183.

136 A Transmissão da Empresa à Luz da Lei do Trabalho Moçambicana

Em sentido oposto, considerando o transmitente também devedor, afirma M. Costa Abrantes[209]: "A letra do n.° 2 do art. 37.° da LCT encaminha-nos para a ideia de que o devedor, nas relações externas, mesmo após a transmissão, continua a ser o alienante". Mais adiante, alegando motivos de maior garantia no cumprimento da dívida, o Autor acrescenta que: "Ora, não seria razoável concluir que o adquirente que, por negligência, não afixou o aviso, se tornasse o único devedor. Se assim fosse, os trabalhadores em vez de verem aumentadas as suas garantias, o que a lei quis indiscutivelmente impondo mais um responsável, vê-las-iam diminuídas (...)". Poder-se-ia sempre contra-argumentar – reconhece o Autor – dizendo que a garantia fundamental é o estabelecimento, que se encontra, neste caso, na *esfera jurídica* dos trabalhadores. Deste modo, cedente e cessionário constituir-se-iam em devedores solidários, nos termos do art. 595, n.° 2 CC.

Cremos que a situação da falta de estatuição legal do dever de informar, no caso de transmissão do estabelecimento, no art. 26, n.° 3, reconduz-se, em termos comparativos, a esta última situação em que o adquirente omite a afixação do aviso, culposamente. Pelo que os trabalhadores, na falta de conhecimento da transmissão projectada, não poderão reclamar os seus créditos laborais. Como não existe, entre nós, qualquer previsão legal, a nível da lei laboral, subsidiariamente, aplica-se o regime geral (arts. 595.° ss. CC). Deste modo, a solução, quiçá, a que melhor defende os interesses dos trabalhadores é a da solidariedade passiva, prevista no art. 595.°, n.° 2 CC. Permite aos credores exigir o pagamento dos seus créditos aos dois devedores solidários – o transmitente e o adquirente.

Em relação às dívidas do período anterior aos dois meses que antecedem a transmissão cuja responsabilidade é exclusiva do transmitente, serão sempre exigíveis? Ou, pelo contrário, existe um limite temporal para os trabalhadores exercerem legalmente o direito de exigir? Sendo afirmativa a resposta, qual é?

Os créditos laborais nem sempre são passíveis de cobrar com sucesso. Não só porque os créditos laborais prescrevem, mas também porque

---

[209] M. Costa Abrantes, *"A transmissão do Estabelecimento Comercial e a Responsabilidade pelas Dívidas Laborais"*, Artigos, *QL*, Ano V – 1998, pp. 12-13. No mesmo sentido, admitindo a existência de responsabilidade solidária, veja-se o Ac. RL, de 1.4.1998: BMJ, 476.°-474, "Tendo havido acordo escrito de cessação do contrato de trabalho (...) por força do qual a entidade patronal se vinculou ao pagamento de certa indemnização

Capítulo II

a cobrança de alguns deles obedece a regras e provas especiais. Assim, o art. 13, n.° 1 estabelece um prazo de prescrição especial de um ano: *"Todo o direito resultante do contrato de trabalho e da sua violação ou cessação prescreve no prazo de um ano, a partir do dia da sua cessação, salvo disposição legal em contrário"*. Esta norma não só fixa um prazo prescricional diferente dos estatuídos no Código Civil, mas também estabelece uma regra de contagem específica. Exceptuadas estas matérias, no mais aplicam-se às relações laborais as regras de prescrição do direito comum (arts. 300.° ss. CC). Decorre também da leitura deste preceito, *a contrario*, que a prescrição não corre enquanto o contrato de trabalho estiver em vigor. Por isso, a contagem do prazo de um ano só se inicia a partir do momento da cessação do contrato.

Com a cessão da posição contratual, *ope legis*, ligada à transmissão do estabelecimento, o adquirente ingressa automaticamente na relação laboral assumindo a posição antes ocupada pelo transmitente. Consequentemente, extingue-se a relação contratual existente entre este e o trabalhador, logo, não pode o transmitente manter-se *"ad eternum"* sujeito à exigência do crédito por parte do trabalhador. O art. 26 nada diz a este respeito. Seja como for, parece-nos de acolher a ideia de aplicar-se, por analogia, o prazo de um ano do art. 13, n.° 1, previsto para a prescrição dos direitos emergentes dos contratos de trabalho, da sua violação ou cessação. Os créditos laborais incluem-se nos direitos que emergem do contrato tendo a mais diversificada origem, como por nós referido anteriormente. A contagem do prazo de prescrição far-se-á a partir da data da transmissão do estabelecimento e não da data de cessação do contrato de trabalho[210].

O legislador comunitário, no segundo parágrafo do art. 3.°, n.° 1 da Directiva, no contexto da manutenção dos direitos dos trabalhadores, admite a possibilidade de, após a transmissão, se estabelecerem formas para que cedente e cessionário "sejam solidariamente responsáveis pelas obrigações emergentes de contratos de trabalho ou de relações laborais existentes antes da transferência". De facto, o que aqui está em causa é ampliar o campo de garantias do credor. Nessa medida, a Directiva estabelece uma responsabilidade solidária, por dívidas existentes à data da transmissão, as quais não foram pagas. Do texto da lei parece poder concluir-se que as mesmas podem exigir-se ao cedente e ao cessionário, independentemente de estarem já vencidas. Para o efeito, atribui-se aos

---

[210] No mesmo sentido, ABÍLIO NETO, *Curso...*, cit., p. 213.

138 *A Transmissão da Empresa à Luz da Lei do Trabalho Moçambicana*

Estados-Membros a faculdade de, querendo, estipularem normas que estabeleçam a responsabilidade solidária do cedente e do cessionário relativamente às obrigações decorrentes de um contrato de trabalho ou de uma relação de trabalho existente em data anterior à data da transmissão da empresa ou estabelecimento.

8. Natureza jurídica

A natureza jurídica é, certamente, uma das questões mais importantes no estudo de cada instituto. Constitui, outrossim, um problema da mais ampla complexidade. Determinar a natureza jurídica de um instituto significa investigar e identificar os diversos elementos jurídicos característicos dessa figura, definindo os seus traços distintivos e específicos, aptos para a sua qualificação jurídica.

O art. 26 refere-se à transmissão da empresa ou estabelecimento em virtude da qual se opera a "sub-rogação legal no contrato"[211] ou cessão legal. Esta modalidade contratual possui uma estrita relação com aquele outro negócio jurídico, previsto nos arts. 424.º ss. CC – a cessão da posição contratual. MOTA PINTO[212] define este último tipo contratual como "o meio dirigido (…) à transferência *ex negotio* por uma das partes contratuais (cedente), com o consentimento do outro contraente (cedido), para um terceiro (cessionário), do complexo de posições activas e passivas criadas por um contrato". O cessionário ou o adquirente da empresa ou do estabelecimento sub-roga-se na posição jurídica do cedente.

Assim, a natureza jurídica da transmissão do estabelecimento corresponderá à natureza jurídica do mecanismo subrogatório do art. 26, ou seja, da cessão da posição contratual *ope legis*. Este tipo de contrato é consequência daquele outro, seu antecedente – a transmissão do estabelecimento[213]. Com a transmissão do estabelecimento verifica-se automaticamente a cessão da posição contratual do empregador. Investigar a natureza jurídica deste tipo de cessão, pressupõe analisar a respectiva *estrutura* e

---

[211] Expressão, como já foi referido, atribuída a MOTA PINTO, *Cessão...*, cit., p. 84
[212] MOTA PINTO, *ibidem*, p. 71-72. O itálico no original.
[213] Nada obsta a que a transmissão se possa operar através de qualquer outro facto jurídico análogo, como seja a mera cessão ou a reversão da cessão de exploração.

objecto. Sendo certo que uma parte da doutrina considera mais relevante o critério do objecto do que o da estrutura, porque este se reduz tão-só a um requisito de eficácia. Mesmo sendo auxiliar ou redundante, o critério da estrutura tem a sua relevância, o que procuraremos dilucidar de imediato.

8.1. *Critério da estrutura*

Relativamente à estrutura da cessão da posição contratual *ex lege*, equivale a perguntar-se: qual a natureza do consentimento do contraente cedido? Ou, posta a pergunta noutras palavras: o acordo do cedido constitui um elemento de eficácia ou, antes, um elemento constitutivo do negócio jurídico da cessão? Em suma: trata-se de saber se a cessão é um negócio jurídico bilateral ou trilateral.

Este problema é suscitado pelo facto de a perfeição negocial da "cessão da posição contratual" (arts. 424.° ss. CC) depender do concurso de três declarações de vontade: o consentimento do cedente, do cessionário e do cedido. O acordo deste pode ser anterior ou posterior à cessão (art. 424.°, n.° 2 CC). Precisamente por causa da previsão da declaração preventiva do consentimento, questiona-se a admissibilidade desta figura nas relações de trabalho. Não obstante algumas divergências doutrinárias, parece nada obstar a que a regra civilista dos arts. 424.° ss. CC se possa aplicar às relações laborais[214]. Esta modalidade de contrato, quando aplicável à prestação laboral, pressuporia também três declarações de vontade: a proposta do empregador cedente, a aceitação do empregador cessionário e o consentimento do trabalhador cedido. A partir do momento em que a cessão da posição contratual se tornasse efectiva, o cedente deixaria de ser empregador, passando essa qualidade a ser assumida pelo cessionário. No entanto, por força do que dispõe o art. 26, a sub-rogação legal no contrato de trabalho opera de forma automática, independentemente do consentimento das partes.

Posto isto, a conclusão a que facilmente se chega é a de que a cessão convencional (art. 424.° CC) possui uma estrutura trilateral, ao passo que a cessão legal (art. 26), tem-na bilateral. Já que nesta última espécie a per-

---

[214] Admitindo a figura, veja-se, por todos, MOTA PINTO, *Cessão...*, cit., p. 157, nota 1 e pp. 449 ss. Manifestando reservas quanto à sua admissibilidade, entre outros, JÚLIO GOMES, *"O conflito entre ..."*, cit., pp. 179 ss.

140 A Transmissão da Empresa à Luz da Lei do Trabalho Moçambicana

feição negocial não carece do consentimento do trabalhador cedido. São vários os fundamentos legais e doutrinários para a qualificação da cessão convencional como contrato trilateral, merecendo enfoque o constante do art. 424.°, n.° 1 CC, que considera o acordo um elemento *intrínseco* da celebração do contrato.

Uma questão discutida na doutrina prende-se com o valor jurídico do consentimento do trabalhador, na constituição da cessão convencional. Discute-se se o acordo do cedido constitui um factor condicionante da eficácia ou, antes, um elemento constitutivo da cessão.

MOTA PINTO[215], ao abordar esta matéria, começa por questionar se o consentimento do contraente cedido é um mero requisito – uma espécie de *conditio iuris* – de um contrato ajustado entre cedente e cessionário. Ou será, antes, um elemento constitutivo do contrato, cuja perfeição exige o encontro das três declarações negociais. Qualificando o contrato de cessão como de estrutura triangular, fundamenta a sua opção, por um lado, num "argumento literal – o art. 424.° CC – que, segundo o Autor, se refere à declaração do cedido "como consentimento, isto é, como elemento do consenso contratual". Vai daí, acrescenta que essa qualificação está "mais conforme com o significado material da ideia de elemento intrínseco do negócio". E, por último, conclui que, para acomodar "certas soluções de problemas práticos", se impõe que a declaração do contraente cedido seja um elemento constitutivo do contrato de cessão. Posição esta, recentemente, secundada por ANTUNES VARELA[216], para quem "o contrato da cessão da posição contratual descreve, na sua configuração gráfica, um circuito de natureza triangular, visto a sua perfeição exigir o consentimento dos três sujeitos colocados em posições diferentes (…)". Mais a frente, o Autor afirma que o consentimento do cedido ("o outro contraente") integra a constituição do negócio jurídico.

Temos as nossas reservas quanto à tese defendida por estes dois Autores. O nosso distanciamento resulta do facto de o n.° 2 do art. 424.° CC[217] sugerir precisamente um entendimento oposto. Na verdade, do texto do preceito retira-se que, "se o consentimento do outro contraente for anterior à cessão", esta só se torna eficaz "a partir da sua notificação ou

---

[215] MOTA PINTO, *Cessão…*, cit., p. 194.
[216] ANTUNES VARELA, *Das obrigações…*, cit., p. 384.
[217] *"Se o consentimento do outro contraente for anterior à cessão, esta só produz efeitos a partir da sua notificação ou reconhecimento"*.

reconhecimento". Constitui, pelos vistos, um elemento condicionante da eficácia do contrato (e não um elemento constitutivo da cessão), pelo menos no que concerne aos casos de manifestação prévia do cedido. Mas a nossa convicção parece sair reforçada pelo facto de o sobredito assentimento poder ser prestado em momento posterior à cessão. Ora, em tal circunstância, como poderia o dito acordo ser elemento constitutivo de um negócio já celebrado?

Por isso, permitimo-nos discordar da qualificação do consentimento como elemento constitutivo, ao menos, em termos genéricos. A cessão convencional pode atingir a sua perfeição independentemente do consentimento do cedido[218]. Por último, e não menos importante, é o facto de que, admitir o consentimento como elemento constitutivo da cessão, parece contradizer a possibilidade de existir um contrato (art. 424.°, n.° 1 CC, *in fine*), *maxime,* nos casos em que a cessão fosse concluída antes da emissão do acordo do cedido. Parece-nos que, aí, salvo melhor entendimento, teríamos uma situação de clara negação ao disposto no art. 232.° CC[219].

Face ao que se acabou de expor, podemos concluir que a perfeição negocial da cessão da posição contratual de empregador não depende do consentimento do cedido. Este consubstancia apenas um elemento da sua eficácia, nomeadamente nos casos em que o contrato é ajustado antes de ser emitido o sobredito consentimento.

8.2. *Critério do objecto*

A determinação da natureza jurídica da sub-rogação legal no contrato subsequente à transmissão da empresa, para além do critério estrutural, é directamente condicionada pelo problema do objecto. À parte, portanto, da questão conexa à eficácia sucessória ou novativa e da sua estrutura trilateral ou bilateral, impõe-se analisar a composição do objecto da cessão: se misto ou se unitário.

---

[218] Esta questão nem sequer se levanta em relação à cessão legal, já que, neste caso, a transmissão se produz apesar da falta ou da denegação do consentimento do trabalhador cedido.

[219] Estabelece esta norma que *"O contrato não fica concluído enquanto as partes não houverem acordado em todas as cláusulas sobre as quais qualquer delas tenha julgado necessário o acordo".*

142 A Transmissão da Empresa à Luz da Lei do Trabalho Moçambicana

Encarado o problema sob este prisma, procura-se tomar partido relativamente à *natureza* do objecto da cessão: trata-se de saber o que é que efectivamente se transmite por efeito da cessão. Neste campo, desenvolveram-se muitas teorias. Apesar de se ocuparem todas da determinação da natureza jurídica da cessão da posição contratual, estão longe de ser homogéneas. Em todo o caso, superadas as pequenas diferenças que distanciam as formulações dos vários autores, as sobreditas teorias alijam-se em dois grupos: as teorias atomísticas e as teorias unitárias.

A questão de fundo, dissemo-lo, é determinar-se o que, de facto, se transmite na cessão da posição contratual. Mais precisamente: será que as relações jurídicas emergentes do contrato se transmitem ao cessionário, permanecendo objectivamente incólumes? E, a par desta outra questão, também se pergunta se o processo negocial inerente à transmissão é um mecanismo composto ou unitário.

A partir do texto legal do art. 424.°, n.° 1 CC parece poder tirar-se facilmente a ilação de que aquilo que o cedente transmite ao cessionário é a "sua posição contratual". Pelo mesmo diapasão parece alinhar MENEZES CORDEIRO[220], quando sublinha que o "objecto da cessão da posição contratual é constituído por direitos e deveres transmitidos em globo e indiferentemente". O art. 26, n.° 2, referente à cessão legal, preconiza igualmente a transmissão para a nova entidade empregadora (transmissário) dos "direitos e obrigações emergentes dos contratos de trabalho e dos instrumentos de regulamentação colectiva". O ponto é saber se esse *quid* se transmite como um todo ou como uma combinação de "relações jurídicas". É o que tentaremos verificar de pronto.

De acordo com MOTA PINTO[221] *"as teorias atomísticas têm em comum o serem resultantes de um ponto de vista analítico ou de decomposição da figura em estudo (e do seu objecto) vendo nela uma mera coligação ou combinação de uma cessão de todos os créditos emergentes do negócio cedido e de uma transmissão negocial de todas as dívidas".* Ou seja, segundo os defensores da tese atomística, na cessão da posição contratual, transmitem-se dois tipos de *negócios*: a cessão de créditos e a assunção de dívidas, não como um todo, mas como um simples somatório – daí a teoria da decomposição – o que cria um novo contrato – donde a

---

[220] MENEZES CORDEIRO, *Direito das Obrigações*, vol. II, Associação Académica da Faculdade de Direito de Lisboa, 1994, pp. 121-122.

[221] MOTA PINTO, *Cessão...*, cit., p.199-200.

teoria da *"renovatio contractus"*. Em contrapartida, "as teorias unitárias configuram o fenómeno como transmissão dos vínculos criados por um contrato, encarados unitariamente, constituindo uma unidade dogmática autónoma, não equiparável a uma simples soma ou a um mero conglomerado de créditos e débitos". Quer dizer: transmite-se, de facto, uma *situação jurídica contratual* ou uma *posição contratual*. De forma, necessariamente, sumária e, sem atender às *nuances* diferenciais delineadas pelos vários autores, eis, em síntese, o essencial de cada teoria.

8.2.1. *Teoria da decomposição*

De acordo com os defensores desta teoria, o objecto da cessão da posição contratual é, ao mesmo tempo, uma cessão de créditos e uma assunção de dívidas[222]. Vários autores alemães, partindo do estudo da "assunção legal de contratos", figura tratada pelo direito alemão[223], consideram que a cessão deste tipo negocial se reduz a uma cessão de créditos e a uma assunção de dívida. Deste modo, a cessão da posição contratual identificar-se-ia com um somatório de contratos – de cessão de créditos, por um lado, e assunção de dívidas, por outro. Tese esta que é contestada pela doutrina dominante (a tese unitária), por configurar uma espécie de multiplicação de problemas sem qualquer interesse. Sobretudo, por se tratar de uma teoria que leva a uma visão fragmentada do objecto da cessão da posição contratual.

De acordo com MOTA PINTO[224], na cessão da posição contratual, não se buscam, directamente, "efeitos jurídicos, mas (...) efeitos empíricos com ânimo de os conseguir por via jurídica". Não está subjacente à cessão da posição contratual uma vontade específica de transmitir ou receber créditos ou ainda de assumir quaisquer dívidas. O que está claramente definido no texto da lei, é a vontade de transmissão de uma posição contratual a um dos contraentes, como um todo (art. 424.º, n.º 1 CC). E a teoria da decomposição defende precisamente o oposto, ao considerar a cessão decomponível numa mera união de dois contratos, conexos à mudança de titularidade da obrigação.

---

[222] MENEZES CORDEIRO, *Direito das...*, cit., p. 130.
[223] Por exemplo a "transmissão da posição de senhorio", no contrato locatício.
[224] MOTA PINTO, *Cessão...*, cit., p. 195.

8.2.2. Teoria da "renovatio contractus"

Para esta teoria, a cessão da posição contratual compreende, simultaneamente, dois actos: a extinção de um primeiro contrato, ajustado entre o cedente e o cedido, seguido da celebração de um novo, entre o cedido e o cessionário.

Esta forma de encarar a cessão da posição contratual, ao que tudo indica, reflecte os efeitos jurídicos práticos. Todavia, como já foi notado, a vontade dos contraentes é alcançar os efeitos empíricos por via jurídica. Na verdade, os efeitos jurídicos, que se obtêm da cessão, são inevitáveis e não dependem da vontade das partes. Independentemente da intenção dos contratantes, no todo que se transmite, produz-se, *ipso facto*, a transmissão dos créditos e das dívidas, porque estes integram os direitos e obrigações transmitidos.

Os defensores desta teoria confundem a modificação subjectiva com a objectiva. Com efeito, segundo aqueles, qualquer alteração que se efectue à nível dos sujeitos (modificação subjectiva) tem como consequência, imediata e directa, uma alteração a nível do conteúdo da relação jurídica (alteração objectiva). O que é inaceitável, já que a cessão da posição contratual é um contrato autónomo e distinto dos demais, nomeadamente do da cessão de créditos e do da assunção de dívidas.

Cumpre, à guisa de conclusão, dizer que a novação traduz-se na extinção contratual de uma obrigação em virtude da constituição de uma obrigação nova que vem a ocupar o lugar da primeira"[225]. Pode ser objectiva ou subjectiva. Diz-se objectiva, sempre que se substitui a obrigação mantendo-se os sujeitos. E subjectiva, quando substituindo-se o credor ou o devedor, a obrigação passa a ser outra. No caso de substituição do devedor – que se poderia aplicar à situação *sub judice* – o devedor (empregador cedente) é substituído por um novo devedor (empregador cessionário), que contrai uma nova obrigação, mediante exoneração pelo credor (o trabalhador). Um dos requisitos essenciais da novação é a intenção de novar – o *"animus novandi"*. Essa intenção não se presume, tem de ser declarada expressamente (art. 859.º CC), nem mesmo se admite uma manifestação tácita do credor (cfr. art. 217.º CC).

---

[225] ALMEIDA COSTA, *Direito das...*, cit., pp. 1036 ss.

8.2.3. *Teoria unitária*

Os defensores desta teoria, partindo dos efeitos da cessão, consideram que, pela cessão, se transmite a qualidade de sujeito da relação jurídica no contrato. Ou, como diz a lei, transfere-se a "posição contratual" do cedente para o cessionário.

E, concretamente, como se deve caracterizar essa *"posição contratual"* transmitida? Pensamos que não se deve confundir a posição contratual (entenda-se, relação jurídica ou situação jurídica emergente do contrato) com a soma dos créditos e débitos que integram a "posição contratual". Estes são apenas uma parcela do *quid* que se transmite. Com efeito, o objecto transferido compreende créditos, débitos, direitos potestativos, expectativas jurídicas, etc. Enfim, o objecto da transmissão agrega todos os vínculos (direitos e deveres) outrora pertencentes ao cedente por força do contrato, os quais se apresentam como uma verdadeira unidade – a posição ou relação contratual.

Os efeitos da modificação subjectiva da relação jurídica operada pela cessão da posição contratual transcendem, e de que maneira, a mera cessão de créditos ou a assunção de dívidas, pois transmitem-se direitos e deveres, da maior amplitude e complexidade. Em suma, transmite-se uma situação jurídica laboral, como um todo unitário. As partes pretendem introduzir o transmissário na posição jurídica detida anteriormente pelo transmitente. Por conseguinte, e corroborando ANTUNES VARELA[226], podemos concluir que o art. 424.º CC não preconiza a cessão da posição contratual como um somatório da cessão de créditos e da assunção de dívidas, mas como uma figura jurídica autónoma que não se reduz àqueles contratos. O mesmo se aplicando, *ipsis verbis*, à cessão da posição contratual, *ope legis*.

Em suma, a teoria unitária soluciona a questão da determinação do objecto da cessão da posição contratual, porque este corresponde a um todo unitário, a uma relação jurídica, que, por inerência da transmissão da empresa ou estabelecimento, se transfere do cedente para o cessionário, por força da lei.

---

[226] ANTUNES VARELA, *Das obrigações...*, cit., p. 404.

146 A Transmissão da Empresa à Luz da Lei do Trabalho Moçambicana

8.2.4. *Posição adoptada*

Quanto à natureza jurídica da cessão da posição contratual, *ope legis,* inerente à transmissão do estabelecimento pode delimitar-se, negativa e positivamente. No primeiro caso, dizendo o que ela não é. No segundo, precisamente o contrário.

Assim, negativamente: o mecanismo subrogatório, previsto no art. 26, pode dizer-se que não é:

• uma *novação*, visto que nele não se constitui qualquer pacto novatório. Desde logo, porque na transmissão do contrato de trabalho não existe o *"animus novandi"*, nem se constitui uma "nova obrigação". Além de que o credor (trabalhador) não participa sequer no contrato que serve de base à cessão;

• uma *cessão de créditos*, pois aquele dispositivo legal não visa ceder um puro crédito, mas sim transmitir a exploração de uma unidade empresarial à qual podem seguir anexos débitos. O que o transmitente transfere para o transmissário é uma "posição contratual", um complexo de direitos e obrigações emergentes das relações jurídicas (individuais e colectivas) existentes à data da transmissão.

• uma mera *assunção de dívida*, na medida em que, evidentemente, o alcance do art. 26 é muito mais amplo do que a simples transmissão de um débito; aliás, não se exige o consentimento liberatório do trabalhador (arts. 595.° ss. CC).

• uma cessão de contrato ou cessão da posição contratual, de origem convencional, porquanto o regime do art. 26 opera à margem de um acordo tripartido entre o cedente, o cessionário e o cedido. Prescinde-se, como se disse, do consentimento do trabalhador, até no interesse do próprio.

Positivamente, há que dizer-se que o instituto jurídico do art. 26 enquadra-se na figura da sub-rogação legal no contrato de trabalho. Distingue-se da pura sub-rogação legal nos direitos do credor (arts. 577.° ss. CC), porque:

• consiste numa sub-rogação legal total na posição contratual de empregador, quer no que diz respeito ao crédito, quer no que tange ao débito.

• sendo uma sub-rogação produzida *ex lege*, são absolutamente irrelevantes a vontade do empregador cedente, do empregador ces-

Capítulo II 147

sionário e do trabalhador cedido. O contrato celebrado entre aqueles limita-se à transmissão da empresa.

• resulta da lei o efeito jurídico da sucessão – o efeito sucessório – sem necessidade da declaração de vontade das partes nesse sentido. O novo empregador ingressa, assim, na posição jurídico-laboral ocupada pela anterior entidade empregadora, assumindo os efeitos dessa qualificação jurídica. Entre esses efeitos, merece um particular enfoque a manutenção dos contratos, individuais e colectivos.

Se a transmissão suscitar um prejuízo sério, apesar da sua natureza legal, o trabalhador pode rescindir o contrato de trabalho, nos termos dos arts. 66 ss. Ou seja, tem de alegar "justa causa" (art. 66, n.°s 1, 4 e 5) e provar os factos constitutivos desta (art. 342.°, n.° 1 CC), para rescindir unilateralmente o contrato de trabalho. Impõe-se, em todo o caso, dar um conhecimento prévio à entidade empregadora – aviso prévio (arts. 62, n.° 2 e 66, n.° 4), sob pena de despedimento (art. 70) ou de presunção de abandono do lugar (art. 45, n.° 3).

A lei moçambicana é omissa quanto ao direito a indemnização, no caso de rescisão contratual, por iniciativa do trabalhador, fundada, por exemplo, em "prejuízo sério". Na verdade, apesar de estar consagrada a presunção legal de rescisão do contrato com justa causa, *"sempre que um dos contraentes for forçado a denunciar*[227] *o contrato por causa culposamente imputável ao outro contraente"* (art. 66, n.° 5), a lei nada diz sobre se, por via disso, o contratante prejudicado tem direito a indemnização. Estamos convencidos que a resposta só pode ser afirmativa.

O regime da transmissão do estabelecimento e a consequente cessão da posição contratual, *ex lege*, face ao seu elevado número de lacunas, no nosso ordenamento jurídico, (refira-se, que se resume a um artigo só, com três números, como se viu) suscita muitas dúvidas de aplicação, cuja solução e consagração legal, de *iure constituendo*, se impõem.

Em suma, a natureza jurídica da cessão da posição contratual ligada à transmissão da empresa ou estabelecimento, resume-se à sua qualificação, tendo em conta, mais do que a respectiva estrutura, o seu objecto. Constitui uma cessão legal, por oposição à cessão da posição contratual,

---

[227] Entenda-se, quanto a nós, "for forçado a *rescindir*", porque a denúncia é imotivada, a rescisão não. E neste caso só cabe o recurso à rescisão, atenta a destrinça do regime legal das duas formas de cessação contratual.

148 *A Transmissão da Empresa à Luz da Lei do Trabalho Moçambicana*

de origem convencional, porque opera por força da lei. Por via da referida cessão, transferem-se para o adquirente do estabelecimento direitos e obrigações, de natureza complexa, *conjunto* a que a lei designa por "posição contratual" do empregador, *ex lege*. Transmitem-se, portanto, relações jurídicas decorrentes de contratos, individuais e colectivos, do cedente para o cessionário, independentemente da vontade destes e da do próprio trabalhador.

Por conseguinte, os instrumentos típicos do Direito Civil, como a cessão da posição contratual, a cessão de créditos e outras a que já nos reportámos, não se podem confundir nem substituir este outro instituto jurídico. Temos assim por certo que a disciplina do art. 26 visa garantir a estabilidade no emprego – o direito ao trabalho, valores fundamentais do trabalhador que, por sinal, possuem consagração, um "estatuto" constitucional. Pelo que no que à sua natureza diz respeito, a cessão da posição contratual, *ope legis*, é, como bem ensina MOTA PINTO[228], uma "sub-rogação legal no contrato" e não uma mera cessão da posição contratual, de origem convencional.

---

[228] MOTA PINTO, *Cessão...*, cit., p. 84.

CONCLUSÕES

Procederemos, agora, de forma necessariamente breve, à dilucidação das principais conclusões a que chegámos no estudo do regime jurídico do art. 26.

1) O fenómeno da transmissão de empresas (estabelecimentos ou parte destes) suscita um interesse crescente, não só devido ao seu notório desenvolvimento, mas também pela sua importância prática na actual conjuntura de economia globalizada, em que são cada vez mais frequentes as "migrações" de empresas, mormente, a dos grandes grupos económicos e das multinacionais.

2) A determinação da disciplina legal da transmissão de empresas assume, assim, uma particular relevância jurídica e prática, dado que, no nosso ordenamento jurídico, este instituto não se encontra *suficientemente* regulado, porque, além de muitas lacunas numa só norma (frise-se, num só artigo), assenta numa redacção deficiente, prestando-se, por isso, a muitas dúvidas e interpretações díspares.

3) O recurso, sistemático e *inevitável*, a normas de direito comparado, a posições doutrinárias ou jurisprudenciais, nem sempre produz os efeitos benéficos que se espera da aplicação do direito, porque desfasadas da realidade juslaboral do país, umas vezes, e insusceptíveis de solucionar, com garantia e certeza jurídica, os problemas suscitados pela transmissão de empresas, outras vezes.

4) Com efeito, quando se transmite, total ou parcialmente, uma empresa dá-se o fenómeno a que MOTA PINTO designou de "sub-rogação legal no contrato", por via do qual se transmite para o adquirente a posição que decorre dos contratos, individuais e colectivos, de tra-

150 A Transmissão da Empresa à Luz da Lei do Trabalho Moçambicana

balho, independentemente quer da vontade dos trabalhadores, quer da vontade do antigo e do novo empregador. Estamos, deste modo, perante uma transmissão automática, *ope legis*, da posição contratual do cedente para o adquirente, e não diante de uma cessão da posição contratual (arts. 424.° ss. CC), já que nesta se exige o consentimento do cedido e naquela, não.

5) A figura da cessão da posição contratual, de origem convencional, ainda assim, parece-nos ser admissível no quadro das relações laborais, com a ressalva da desnecessidade do consentimento do cedido, na medida em que a relação jurídica objectiva não se altera significativamente, e a modificação subjectiva operada não prejudica o conteúdo dos contratos (direitos e obrigações) dos trabalhadores envolvidos. De qualquer modo, o recurso a este instituto deve ser objecto de uma análise cuidada, nomeadamente para evitar a sua utilização fraudulenta em desfavor dos trabalhadores, *maxime*, nos casos em que se admitisse o consentimento prévio do trabalhador (art. 424.°, n.° 2 CC). Com efeito, não são, de todo em todo, coincidentes os princípios gerais de direito civil e de direito laboral, pois as normas e princípios juslaborais representam, nas mais das vezes, um desvio em relação às regras gerais do direito comum.

6) Nos termos do art. 26, com a transmissão do estabelecimento, o adquirente ingressa, por força da lei, na posição contratual antes ocupada pelo transmitente, responsabilizando-se, desde então, pela manutenção dos contratos de trabalho existentes, à data da transmissão, (incluem-se os contratos extintos ilicitamente), cujo conteúdo, em princípio, deve "manter-se inalterado". A inalterabilidade do conteúdo dos contratos de trabalho deve, no entanto, ser interpretada, não no sentido de que o mesmo permanecerá "incólume", mas no de que a sua alteração, tem de ser no *sentido mais favorável ao trabalhador*; que é o mesmo que dizer que o empregador deve abster-se de tomar medidas que possam resultar em prejuízo para o trabalhador.

7) A cessão da posição contratual, *ope legis*, é consequência de um outro negócio jurídico – a transmissão do estabelecimento – por via do qual se transfere, do transmitente para o adquirente, uma

empresa, estabelecimento ou parte destes, *ex lege*, efeito que não pode, em princípio, ser afastado pela vontade das partes. "Em princípio", porque resulta da lei que transmitente e transmissário podem estreitar acordo para excluir da transmissão contratos de trabalho, permanecendo os trabalhadores ao serviço do cedente. De igual modo, e para os mesmos efeitos, podem também cedente e trabalhador ajustar tal acordo. O art. 26, n.º 1 prevê, ainda, a possibilidade de o trabalhador rescindir ou denunciar o contrato de trabalho, em caso de "mudança de titularidade". Esta previsão legal constitui um reconhecimento do direito de o trabalhador opor-se à transmissão do seu contrato de trabalho (por muitos não reconhecido).

8) Na epígrafe do art. 26 – *"transmissão da empresa ou estabelecimento"* – os termos empresa e estabelecimento designam o objecto da transmissão, e foram utilizados *lato sensu*, para abranger qualquer *unidade económica* ou *produtiva*, entendida como "conjunto de meios organizados com o objectivo de exercer uma actividade económica", que, na perspectiva laboral, mais do que uma "organização de meios", representa uma "organização de pessoas". O termo *"transmissão"* é também empregue em sentido amplo, reportando-se a toda e qualquer forma por que se dê a modificação (subjectiva) na titularidade da empresa, independentemente da forma pela qual se processe, jurídica ou não, o que nos permite concluir, parafraseando MOTA PINTO: "o legislador privilegiou as situações de facto, em detrimento das qualificações jurídicas". O fim último desta opção legislativa é consagrar um regime que garanta a manutenção dos direitos dos trabalhadores, no caso da transmissão do estabelecimento onde prestam serviço. No mesmo sentido tende actualmente a doutrina e a jurisprudência do direito comparado, designadamente a Directiva (2001/23/CE). A jurisprudência mais recente relativa ao conceito de *transmissão* é no sentido de que esta ocorre sempre que a empresa se mantém idêntica, após a transmissão; equivale dizer: que a empresa se mantém em actividade, após a transmissão.

9) Temos por certo que o normativo em análise consagra a teoria da empresa, segundo a qual o trabalhador se encontra mais ligado à empresa do que ao empresário/empregador, daí que, em caso de transmissão da empresa, não obstante essa vicissitude por esta so-

152 A Transmissão da Empresa à Luz da Lei do Trabalho Moçambicana

frida, o trabalhador deve acompanhar a empresa, ao invés de permanecer ligado ao empregador. Não menos verdade é que a disciplina jurídica desta norma aponta no sentido de que, à par dos interesses da empresa, há que garantir ao trabalhador, afectado pela transmissão, protecção e estabilidade no emprego, salvaguardando o seu direito ao trabalho (art. 85 CRM), apesar (e por causa) da mudança de titularidade da empresa.

10) Para garantia dos trabalhadores, em caso de cessão da posição contratual subjacente à transmissão do estabelecimento, o legislador, para além da previsão constitucional, instituiu um regime de solidariedade passiva entre o cedente e o cessionário, no n.° 3 do art. 26, alargando a responsabilidade pelo pagamento dos créditos laborais a um novo responsável – o adquirente. Destarte, não só o credor/trabalhador tem mais facilidades de perseguir o seu crédito, mas também vê reduzido o risco inerente ao facto de ter tão-só um devedor, com a agravante de que este, entretanto, já se acha desprovido da principal garantia – o estabelecimento. Mau grado, porém, o facto de essa responsabilidade solidária se restringir tão-só aos dois meses anteriores à transmissão (art. 26, n.° 3); o que acaba reduzindo o espectro da garantia do trabalhador. É que o responsável pelas dívidas laborais do período anterior aos 2 meses é o transmitente, cuja solvência, normalmente, é diminuta. Pelo que, *de iure condendo*, julgamos que este prazo deveria ser alargado, *quiçá*, fazendo-o coincidir com o prazo de prescrição – que é de 12 meses (art. 13, n.° 1). Solução idêntica está consagrada no direito comparado.

11) Uma outra garantia para os trabalhadores transmitidos resulta do efeito jurídico da transmissão. Os contratos de trabalho transmitem-se ao adquirente, por força da lei, sem necessidade do consentimento das partes, ou seja, tudo se passa como se não tivesse havido a sua transmissão – é o efeito sucessório (e não novatório), de continuidade da relação de trabalho prosseguido pela lei. Logo, os contratos de trabalho estão sujeitos ao prazo prescricional de 1 ano, atrás mencionado, não obstante a transmissão. Recomenda-se, no entanto, que a contagem do prazo de prescrição, para os efeitos da responsabilidade solidária e da garantia que lhe subjaz, se inicie no dia a seguir àquele em que se verifica a transmissão, para evitar que

o cedente seja chamado a responder, muito depois de ter deixado de ser empregador, o que nos parece não recomendável.

12) Ainda na perspectiva das garantias a estabelecer, a nossa lei garante ao trabalhador a transmissão, *ex lege*, do transmitente para o adquirente, dos direitos e obrigações emergentes dos IRCT, a que se aplicam, salvo opinião contrária, os prazos de que falamos nos dois pontos anteriores. Questão diversa que não está sequer expressamente regulada, suscitando, por isso, imensas dúvidas, relaciona-se com a participação dos representantes dos trabalhadores na operação da transmissão, por um lado, e com a manutenção do conteúdo das convenções colectivas, depois da transmissão, por outro. Relativamente à primeira questão, a lei nada diz acerca da participação dos representantes dos trabalhadores (sobre se o empregador tem ou não dever de informação e de consulta). A segunda prende-se com a sobrevigência dos IRCT, após a transmissão. A lei limita-se a fixar, em termos gerais, o princípio de que os IRCT se "mantêm integralmente em vigor até serem modificados ou substituídos por outros" (art. 115, n.° 1). E o n.° 2 deste dispositivo fixa os prazos para a denúncia dos IRCT, em alternativa: "ou na data neles estipulada" ou "na sua falta [da data], no trigésimo dia anterior ao término do seu período de vigência". Pelo que, *de iure constituendo*, nesta matéria, também se recomenda um texto legislativo.

13) Em virtude de o regime jurídico do art. 26 ser muito lacunar, resta o recurso aos institutos gerais de direito civil, cuja aplicação no domínio do direito laboral levanta muitas dúvidas, não só relacionadas com a sua admissibilidade, mas também com o facto de, normalmente, o seu regime não se compaginar com os princípios, normas e *realidade* juslaboral. Neste contexto se enquadram as figuras afins, principalmente a cessão da posição contratual, a cessão de créditos, o subcontrato, entre outras, cuja similaridade se associa ou à sua estrutura ou ao respectivo objecto, ou, ainda, e principalmente, ao seu efeito sucessório.

14) Finalmente, cumpre determinar a natureza jurídica da cessão da posição contratual, *ope legis*, inerente à transmissão da empresa ou estabelecimento. Corresponde a uma sub-rogação legal

no contrato de trabalho, de que resulta a transmissão automática, para o adquirente, das posições contratuais emergentes dos contratos ou das relações de trabalho existentes, à data da transmissão. Deste modo, o adquirente ingressa, *ex lege*, sem carecer, pois, do consentimento do trabalhador, na posição contratual ocupada pelo transmitente, nos contratos de trabalho, individuais e colectivos, existentes na empresa. Este efeito não pode ser afastado pela vontade das partes no negócio que serve de base à transmissão. O adquirente responde solidariamente com o transmitente pelas dívidas vencidas nos últimos dois meses, anteriores à transmissão. A disciplina jurídica deste artigo, à par dos interesses da empresa, visa assegurar a estabilidade no emprego e o direito ao trabalho, valores constitucionalmente consagrados (art. 85 CRM). Por conseguinte, a cessão da posição contratual, *ope legis*, equivale a uma "sub-rogação legal no contrato", e não uma cessão da posição contratual, de origem convencional.

BIBLIOGRAFIA

ABREU, Jorge Manuel Coutinho de, *A empresa e o empregador em direito do trabalho*, Coimbra, 1982.

ABREU, Jorge Manuel Coutinho de, *Da empresarialidade – As empresas no direito*, Colecção Teses, Almedina, Coimbra, 1998.

ALONSO OLEA, Manuel e Maria Casas Baamonde, *Derecho del Trabajo*, Decimonovena Edición, Revisada, Civitas, Madrid, 2001.

BAPTISTA, Manuel do Nascimento, *"A jurisprudência do Tribunal de Justiça da União Europeia e a defesa dos direitos dos trabalhadores no caso de transferência de empresas ou estabelecimentos"*, RMP, Ano 16.°, n.° 62, Abril/Junho, 1995, 89-105; 17.°, n.° 66, 1996, 95-115.

CARVALHO, Catarina Nunes de Oliveira, *"O direito do trabalho perante a realidade dos grupos empresariais – Alguns problemas ligados à transmissão de estabelecimento entre empresas do mesmo grupo"*, V Congresso Nacional de Direito do Trabalho, Almedina, Coimbra, 2003, p. 71.

CARVALHO, Catarina Nunes de Oliveira, *Da mobilidade dos trabalhadores no âmbito dos grupos de empresas nacionais*, Publicações Universidade Católica, Porto, 2001.

CARVALHO, Orlando de, *Critério e estrutura do estabelecimento comercial, I – O problema da empresa como objecto de negócios*, Coimbra, 1967.

CARVALHO, Orlando de, *"Empresa e direito do trabalho"*, in AAVV, *Temas de direito do trabalho – Direito do trabalho na crise. Poder empresarial. Greves atípicas. IV Jornadas Luso-Hispano-Brasileiras de direito do trabalho*, Coimbra, 1990, 9-17.

CORDEIRO, António Menezes, *Manual de Direito do Trabalho*, Reimpressão, Almedina, Coimbra, 1994.

CORDEIRO, António Menezes, *Direito das Obrigações*, vol. II, Associação Académica da Faculdade de Direito de Lisboa, 1994.

COSTA, Mário Júlio de Almeida, *Direito das Obrigações*, 9.ª ed., Revista e Aumentada, Almedina, Coimbra, 2001.

FERNANDES, António Monteiro, *Direito do Trabalho*, 11.ª ed., Almedina, Reimpressão da Décima Primeira Edição de 1999, 2002.

FERNANDES, António Monteiro, *Noções fundamentais de direito do trabalho*, Coimbra, Almedina, 1976.

FERNANDES, Francisco Liberal, *"Transmissão do estabelecimento e oposição do trabalhador à transferência do contrato: uma leitura do art. 37.° da LCT conforme o direito comentário"*, QL, Ano VI, n.° 14, 1999, 213-240.

A Transmissão da Empresa à Luz da Lei do Trabalho Moçambicana

GOMES, Júlio Manuel Vieira, *"A jurisprudência recente do Tribunal de Justiça das Comunidades Europeias em matéria de transmissão de empresa, estabelecimento ou parte de estabelecimento – inflexão ou continuidade?"*, Estudos do Instituto de Direito do Trabalho, vol. I, Almedina, Coimbra, 2000, 481-525.

GOMES, Júlio Manuel Vieira, *"O conflito entre a jurisprudência nacional e a jurisprudência do TJ das CCEE em matéria de transmissão do estabelecimento no direito do trabalho: o art. 37.º da LCT e a Directiva 77/187/CEE"*, RDES, Janeiro/Dezembro de 1996, 77-194.

HENRIQUES, Fabrícia de Almeida, *"Transmissão do estabelecimento e flexibilização das relações de trabalho"*, in ROA, Ano 61, Lisboa, Abril, 2001, 969-1038.

MARTINEZ, Pedro Romano, *Direito do Trabalho*, Almedina, Coimbra, 2002.

MARTINEZ, Pedro Romano, *Da Cessação do Contrato*, Almedina, Coimbra, 2005.

MARTINEZ, Pedro Romano, *O subcontrato*, Almedina, Coimbra, 1989.

MARTINEZ, Pedro Romano, *Direito das Obrigações (Parte Especial) – Contratos*, 2.ª Edição, Almedina Coimbra, 2001.

MARTINEZ, Pedro Romano, *"Cedência ocasional de trabalhadores (Quadro jurídico)"*, Separata da ROA, Ano 59, III, Lisboa, Dezembro, 1999, 859-870.

MONEREO PÉREZ, José Luís, *"La noción de empresa en el derecho del trabajo y su cambio de titularidad"*, Ibidem Ediciones, Madrid, 1999.

MONTOYA MELGAR, Alfredo, *Derecho del Trabajo*, Vigésima cuarta edición, Editorial Tecnos, 2003.

NASCIMENTO, Amauri Mascaro, *Curso de Direito do Trabalho*, 19.ª edição, Revista e Actualizada, Editora Saraiva, São Paulo, 2004.

NETO, Abílio, *Contrato de trabalho – Notas práticas*, Ediforum, Lisboa, 1998.

NETO, Abílio, *Código do trabalho e legislação complementar – Anotados*, 2.ª ed., Ediforum, Lisboa, 2005.

PINTO, Carlos Alberto da Mota, *Cessão da posição contratual*, Almedina, Coimbra, 1982.

PINTO, Mário, Pedro Furtado Martins e António Nunes de Carvalho, *Comentário às leis do trabalho*, vol. I, Lex, Lisboa, 1994.

REDINHA, Maria Regina, *A relação laboral fragmentada – Estudo sobre o trabalho temporário*, Col. Studia Jurídica, n.º 12, Coimbra Editora, Coimbra, 1995.

REDINHA, Maria Regina, *"Da cedência ocasional de trabalhadores"*, QL, Ano I, n.º 1, 1994, 16-23.

SIMÃO, Joana, *"A transmissão de estabelecimento na jurisprudência do trabalho comunitária e nacional"*, Artigos, QL, Ano IX, 2002, 203-220.

VARELA, João de Matos Antunes, *Das obrigações em geral*, vol. II, 7.ª ed., Coimbra, 1997.

XAVIER, Bernardo da Gama Lobo, *Curso de direito do trabalho*, 2.ª ed. com aditamento de actualização, Verbo, 1999.

XAVIER, Bernardo da Gama Lobo, *"A sobrevigência das convenções colectivas no caso das transmissões de empresas. O problema dos direitos adquiridos"*, RDES, Janeiro/Setembro, 1994, 123-134.

XAVIER, Bernardo da Gama Lobo, *"O lugar da prestação de trabalho"*, ESC, Ano IX, n.º 33, 1970, 11-61.

XAVIER, Bernardo da Gama Lobo, *"Entidade Patronal", in Polis – Enciclopédia Verbo da Sociedade e do Estado*, vol. II, Verbo, Lisboa/S. Paulo, 1984, 973-984.

XAVIER, Bernardo da Gama Lobo e Pedro Furtado Martins, *"Jurisprudência crítica – Cessão da posição contratual laboral. Relevância dos grupos económicos. Regras de contagem da antiguidade"*, RDES, outubro/Dezembro, 1994, 369-427.

XAVIER, Vasco da Gama Lobo, *"Substituição da empresa fornecedora de refeições e situação jurídica do pessoal utilizado no local: inaplicabilidade do art. 37.º LCT (parecer)"*, RDES, Julho/Setembro, 1986, 443-459.

ÍNDICE

PREFÁCIO 5

NOTA PRÉVIA 7

AGRADECIMENTOS 9

PLANO DO TRABALHO 11

MODO DE CITAR 13

ABREVIATURAS 15

INTRODUÇÃO 17

1. Enquadramento do tema 17

2. Delimitação do objecto 25

3. Sequência e razão de ordem 27

CAPÍTULO I

4. Conceito de empresa, estabelecimento e parte do estabelecimento 29

    4.1. Considerações preliminares 29
    4.2. Do ponto de vista do direito comparado 34
    4.3. Do ponto de vista do direito interno 44
    4.4. Posição adoptada 51

5. Noção de transmissão da empresa, estabelecimento e parte do estabelecimento .. 52

    5.1. Generalidades 52
    5.2. Na perspectiva do direito comparado 53
    5.3. Na perspectiva do direito interno 66
    5.4. Posição adoptada 71

6. Distinção de figuras afins 73

    6.1. Cessão da posição contratual 73

160   *A Transmissão da Empresa à Luz da Lei do Trabalho Moçambicana*

6.2. Subcontrato 80
6.3. Cessão de créditos... 82
6.4. Cedência ocasional e definitiva de trabalhadores......................... 84

CAPÍTULO II

7. Breve análise do regime jurídico da transmissão da empresa ou estabelecimento...   89

7.1. A forma da transmissão 89
7.2. O direito de oposição.. 96

    7.2.1. Rescisão ou denúncia do contrato, por iniciativa do trabalhador...... 99
    7.2.2. Acordo entre o transmitente e o trabalhador 108
    7.2.3. Acordo entre o transmitente e o transmissário...................... 111

7.3. O conteúdo das relações individuais e colectivas de trabalho.................... 115
7.4. Responsabilidade por dívidas 131

8. Natureza jurídica... 138

8.1. Critério da estrutura 139
8.2. Critério do objecto 141

    8.2.1. Teoria da decomposição.. 143
    8.2.2. Teoria da "renovatio contractus" 144
    8.2.3. Teoria unitária... 145
    8.2.4. Posição adoptada... 146

CONCLUSÕES... 149

BIBLIOGRAFIA.. 155